INGRID RATHJE-KOHN

SONNE ZWISCHEN WOLKEN

Mein buntes Leben

© 2025 Ingrid Rathje-Kohn

Softcover ISBN: 978-3-8391-3434-4

Verlag:
BoD · Books on Demand GmbH,
Überseering 33, 22297 Hamburg,
bod@bod.de
Druck:
Libri Plureos GmbH, Friedensallee 273,
22763 Hamburg

Lyrisch geplaudert

-

Ein neues Buch, ein neues Glück,

so wächst es weiter, Stück um Stück,

Gedichte sind jetzt gut verwahrt,

geordnet je nach seiner Art.

Ein Neues kommt jetzt ins Regal,

ich lese alle noch einmal.

Ich blätter hin, ich blätter her,

genieße alle – kreuz und quer,

mal dänisch, mal ist deutsch am Start,

mal Platt mal Hoch, in eigner Art,

such ich Bestimmtes mir dann aus,

schau ins Archiv und find es raus.

-

13.8.2024

DER TAG

VERTRÄUMT

Aufgewacht,

die Augen noch geschlossen -

versuche ich ihn zu erfassen,

den letzten Traum

der mich berührt im Geist.

Mit schnell verwehenden

und nebelhaften Bildern

so grade noch zu fern

um ihn noch einzufangen,

bleibt nur noch ein

entschwindendes Gefühl

von rosiger Glückseligkeit.

5.4.2025

MORGEN-WECKER

Kein Mond ist mehr da,

versteckt ist die Sonne,

hab gut geschlafen

in Traumwelt und Wonne,

doch jetzt bin ich wach

und brauch meinen Kaffee,

mein Müsli erst recht,

dass ich nicht erschlaffe.

-

Ein Löffel mit Erdbeern

die halbe Banane

ein Teelöffel Zimt,

Geschmack ich erahne,

die Mandelsplitter

für Zähne zum Kauen

zum Schluss jetzt die Milch noch –

dann geht's zum Verdauen.

19.8.2024

MORGEN-STILLE

Ganz in Gedanken, die einfach so schweben,

ich schau in die Luft und sehe grad – NICHTS -,

genieße die Stillen, die mich hier umgeben,

das Säuseln des Windes, das Fließen des Lichts.

Die hellgrünen Blätter, die langsam sich regen,

befreit von dem Tau, der so lautlos verfliegt,

Der Nebel sich lichtet im Strahlen der Sonne,

die Nacht wird unmerkbar vom Tage besiegt.

1.4.2025

STELLDICHEIN

Es ist noch früh, das Morgenlicht

durch Nebel und durch Tannen bricht —

die Stimmung hüllt den Menschen ein,

erst flüchtig winkt der Sonnenschein.

Die Sinne schwimmen noch All,

ein Amsel-Ruf mit Widerhall

holt in den neuen Tag dich rein,

mit einem Liebes-Stelldichein.

13.4.2025

MORGEN-GÄSTE

Guten Morgen, ausgeschlafen?

Krähen, Dohlen sind schon wach,

kontrollieren Vogelhäuschen,

sehen da schon einmal nach.

-

Neuer Morgen, es ist Montag,

alle Vögel sind schon da,

krähen, krächzen, tirilieren,

ist bald unser Frühstück da?

-

Komm und bring uns endlich Futter,

oder schläfst du etwa noch?

Vogelhäuschen wird belagert,

Gewohnheits-Recht besteht hier doch.

14.4.2025

HERBST-MORGEN

Früher Morgen, welche Wonne,

Zeit für mich so ganz allein,

Arbeit ist schon längst Geschichte,

kann in Ruhe bei MIR sein.

Keiner stört mir die Gedanken,

und sie wandern ungehemmt,

werden nicht von Fremd-Geräuschen

und von Stimmen überschwemmt.

-

Kinderstimmen schwingen leise,

morgenmüde hört sich´s an,

klingen aus der Nachbar-Wohnung,

bin verantwortlich nicht dran.

Ist wie Hintergrund-Musike,

freue mich – sie sind gesund,

Ausdruck immer für das Leben

hier in meinem Erdenrund.

-

Sonne steigt und löscht den Nebel,

Tau benetzt das grüne Gras,

Wasser-Tropfen-Diamanten

machen Rasen morgen-naß.

Einmal atmen bis ganz unten,

kühl ist noch die Morgenluft,

fülle mir die müden Lungen

mit dem würz´gen

Herbstzeit-Duft.

30.8.2024

NEBEL-MORGEN

Morgen-Feuchte, Nebelhauch,

steck die Sonnenbrille weg,

grau es schimmert grünlich mild,

Sonne ist ein Dotter-Fleck.

Kleiner Windstoß läßt es wabern,

Sonne ist kein Hühnerei,

spießt mit ihren hellen Strahlen

diesen Nebelhauch entzwei.

23.9.2024

DOCH SCHON HELL

Der Nebel taucht die Welt in GRAU

es feuchtet heute wieder mal,

das Fern versinkt im hellen Dunst -

schau nach dem ersten Sonnen-Strahl.

Der lässt mich warten, nichts zu sehn,

wie hingegossen wabert es,

die Wolke hängt so erdennah,

sie keinem Strahl den Durchgang lässt.

-

Doch irgendwo dort oben ist

die Sonne überm Wolkenbett,

sonst wäre es Nacht-dunkel noch,

der Nebel keine Farbe hätt.

Das Nebel-Grau ist gut zu sehn,

so abgestuft von Nah bis Fern,

so früh am morgen find ich´s schön,

das milde Licht hab ich ganz gern.

2.3.2025

STILLES VERGNÜGEN

Ich sitze grad so für mich hin

und schau entspannt zum Fenster raus,

hab einfach NICHTS in meinem Blick,

die Augen schauen gradeaus.

Gedanken wandern ohne MICH -

ich lass sie einfach einmal gehn,

wo sie grad sind, das weiß ich nicht,

werd sie beizeiten wiedersehn.

-

Die Morgen-Stille um mich her

lässt mich verweilen ohne Zweck,

die Augen wandern von allein,

erfassen keinen Focus-Fleck.

Die Zeit vergeht ganz unbemerkt,

dann hustet jemand hier im Haus,

Aufmerksamkeit ist aufgeweckt -

und mit der Ruhe ist es aus.

\-

Diese kleinen Momente,

in denen man nichts erwartet,

nichts erhofft, einfach nur IST,

sind ein Teil der Seligkeit.

22.2.2025

BLENDWERK

Sonne scheint mir ins Gesicht,

trifft mein Auge – MAG DAS NICHT –

sitz am Tisch und will hier schreiben,

kann das Blenden jetzt nicht leiden,

ZU viel Licht tut mir nicht gut,

hätt ich jetzt nur einen Hut.

-

Doch es geht auch eine Mütze,

Käppi hab ich von dem Sohn,

war schon vielfach meine Stütze,

Sonnen-Winkel kenn ich schon.

Lücke zwischen Dach und Giebel,

ganz genau erscheint die Sonn,

sitz ich morgens an dem Laptop,

hab ich viel zu viel davon.

-

Doch im Winter geht sie seitwärts

und verschwindet hinterm Haus,

dann es dauert nicht so lange,

bald ist dieses Blendwerk aus.

Leg das Käppi mir beiseite,

denn auch morgen ist sie da,

diese liebe, böse Sonne,

Käppi ist mir wieder nah.

13.1.2025

SPAZIERGANG IM REGEN

Kleine Tropfen klimpern leise,

laue Luft und leichter Regen,

ich mach meine Morgen-Runde,

geh dem Tag mit Schwung entgegen,

ohne Tasche mit Vergnügen

lass ich´s regnen auf den Schirm,

Schritte führen immer weiter

und beleben das Gehirn.

-

Morgendüfte, frisch und sauber

schmeicheln Herz mir und den Atem,

der Verkehr ist noch ganz spärlich,

will jetzt nicht auf später warten.

Autos brausen durch den Tag,

Ruhe ist dann schnell vergangen,

doch dann sitz ich mit Bedacht

am PC - den Tag zu fangen.

26.9.2024

DER ABENDRÖTE NACH

Die letzten Strahlen treffen uns,

dann kommt die Nacht herbei,

doch noch ist heller Nachmittag

und ich hab auch noch frei,

mach mich bereit für Himmelsrot

auf Wolken und dem See,

damit ich es genießen kann

wenn ich dort früh hingeh.

-

Bin ich daheim, versteckt es sich,

die Bäume sind zu hoch,

durch Blätter-Vorhang leuchtet es,

vereinzelt Loch bei Loch,

wie rote Lämpchen in dem Baum

man WEISS nur, was es ist,

ersetzt mir nicht das Abendrot,

das ich daheim vermißt.

23.8.2024

HIMMELS-LICHTER

Bei Nacht im Bett lass ich ihn scheinen,

da kann der Mond mich gar nicht meinen,

mein Fenster geht zur andern Seite,

und durch die Wand, da kommt er nicht,

sind Wände in der ganzen Breite,

da ist das Mondlicht außer Sicht.

-

Der Sonne geht es grade so,

lieg ich des morgens noch im Bett,

dann ist die Sonne doch so nett,

sie auf der andern Seite zieht,

nur wenn ich aufsteh seh ich sie

im Fenster gegenüber stehn,

das ist egal, dann will ich auch

bei lütten meinen Tag begehn.

23.4.2025

GUTE NACHT

Der Tag ist zu Ende,

die Sonne geht schlafen,

zum Abschied sie malt uns

die Wolken noch schön

sie geht auf die Reise

in andere Länder,

wo andere Menschen

sie aufgehen seh´n.

-

Wenn wir aus den Träumen

der Nacht dann erwachen,

dann blickt sie zu uns

in die Fenster hinein,

wir grüßen die leuchtende

Helle des Morgens,

mit ihrem belebenden

wärmenden Schein.

28.4.2025

MÜDER MOND

Guter Mond, du stehst dort oben,

steigst mir ungefragt aufs Dach,

setzt dich müde darauf nieder,

bist du heute mal nicht wach?

Müde bist du von der Reise

immer um die Welt herum,

ich versteh dich, alter Mond,

das wär mir doch auch zu dumm.

-

Ruh dich aus und mach mal Pause,

ich erzähl dir dann noch was,

oder sing ein Wiegenliedchen,

das wär auch für dich ein Spaß.

Meine Stimme ist gealtert,

doch das paßt doch auch ganz gut,

alles kommt mal in die Jahre,

bist ja auch kein junges Blut.

-

Nun adé, du gehst jetzt weiter,

denn dein Weg ist noch so weit,

gute Reise um die Erde,

hab noch eine gute Zeit.
Morgen abend kommst du wieder,
hast dann etwas abgespeckt,
ich werd dir noch einmal winken -
ist der Himmel nicht bedeckt.
18.10.2024

GUT GESCHLAFEN – SCHÖNER MORGEN

Schönen Abend gute Nacht,
hab den Tag sehr gut verbracht,
wünsche euch ganz schöne Träume,
stilles Rauschen ferner Bäume,
die euch in den Schlummer singen,
und nur Frieden mit sich bringen.
-
Augen halb nur aufgemacht,
draußen ist noch finstre Nacht,
eh dein Tablet dann dich blendet,
deine Sonnenbrille wendet
grelles Licht in Wohlfühlschein,
dann wirds schön am Morgen sein.
-
Doch die Sonne scheint noch nicht,
Himmel ist noch Regen-Dicht,
Tröpfchen ziehen durch die Luft,
dringen durch gestrickte Kluft,
doch der Müll, der muss ja raus,
bleibt nur zeit-begrenzt im Haus.
-
Müsli fertig, Kaffee auch,
alles wärmt so schön den Bauch,
sitz gemütlich hier und tippe,
aus der Tasse Kaffee nippe,
Müsli-Schale ist schon leer,
Morgenruhe lieb ich sehr.
6.12.2024

DAS JAHR

APRIL
April, April, was soll der Scheiß,
mein Wecker macht das Spiel nicht mit,
es ist doch immer noch halb acht,
ich steh jetzt auf mit kleinem Schritt - !!
Sagt auch die Funkuhr in der Stube,
es ist halb neun, ich glaub es nicht,
April-Scherz kann mich fix mal lassen,
ich mach es einfach nicht mehr mit.
2.4.2025

So ist der Mai
Die Sonne scheint ins Fenster rein,
ihr Kinder lauft jetzt schnell hinaus,
die Sonne wärmt mit ihrem Schein,
da bleibt man doch nicht mehr im Haus,
die Jacke bleibt im Kleiderschrank,
warm ist es, schöne Frühlingszeit,
doch draußen weht der Wind aus Ost:
Der Mai hält Kälte noch bereit.
30.4.2025

DER SONNE ENTGEGEN

Sonnenblume, groß und schön,

eiferst nach dem Himmelslicht,

präsentierst dich unsern Augen,

schon von Fern kommst du in Sicht.

Überstrahlst den Blumen-Garten,

ragst viel höher dort hinaus,

doch ein Windstoß kann dich fällen,

mit der Pracht ist es dann aus.

-

Doch von unten strahlts entgegen:

tausendfach, das Gänseblümchen,

sonnengelb mit weißen Krönchen,

unscheinbar und klein und zart.

Einzeln wird es übersehen

auf dem Rasen - grün und satt.

Mit dem Herzen mal betrachtet

wird es wunderschön apart.

-

Rasenmäher schneiden Köpfe,

Blüten fallen bei dem Schnitt,

doch die Pflanzen haben Kräfte,

bleiben stets im Innern fit.

Zwei-drei Tage sind vergangen,

es quillt wieder tausendfach.

Sind verborgen auch die Säfte,

weilt im Innern Lebens-Macht.

27.8.2024

NEUES LEBEN

Es sprießt und grünt, wohin man schaut,

der Storch an seinem Nest schon baut,

die Frösche treffen sich im Teich,

bald deckt das Wasser Punktelaich,

die Amsel singt mit Wiederhall,

denn es ist Frühling überall.

-

Forsythien gelb und Veilchen blau,

das Himmelblau ist eine Schau,

ziehn weiße Wölkchen drüber hin,

ist es den Augen ein Gewinn.

Die Vögel sammeln überall

was Weiches für den Eier-Fall.

-

Bald zwitschert es auf dem Balkon,

bald betteln Spatzenkinder schon

nach Futter große Spatzen an,

es füttern Spatzen-Frau und -Mann,

ob eigne oder fremde Brut,

ist beides gleich und gut genug.

-

Es sprießt und grünt jetzt immer mehr,

die bunte Pracht ist wie ein Heer,

das friedlich und mit ganzer Kraft,

den Menschen so viel Freude macht.

Erobert uns und füllt das Land

Mit eurem Frühlings-blauen Band.

20.3.2025

POLLENFLUG

So ist es im Frühling,

was willst du da machen,

da kommen zu gute

auch nervige Sachen.

Mit Pollen gefüllt -

unsre Haselnuss-Kätzchen

beim leisesten Wind

da fliegen die Schätzchen.

-

Wenn es die nicht gäbe,

gäb´s auch keine Nüsse,

und auch von der Birke

nicht wehende Grüße,

drum setz dich nach drinnen,

zieh Gardinen mal zu,

dann läßt dich der Frühling

ganz sicher in Ruh.

23.3.2025

FRÜHLINGS-GEFÜHLE

Der Morgen grüßt mit Flötentönen

Die Amseln sind schon lange wach,

wenn wir noch sanften Träumen frönen,

geht's bei den Vögeln schon zur Sach.

Da tönt es laut von Fern und Nah,

im Krähennest es wuselt toll,

Da wird gebaut und zugesteckt,

bald ist ihr Heim mit Eiern voll.

-

Der Tag hat sich schon halb entwickelt,

es ist schon Mittag nach der Uhr,

noch ein paar Stunden Licht und Sonne,

dann ist zu Ende seine Tour,

dann wird es Nacht mit Dunkelheit

und Ruhezeit für die Natur,

dazu gehören wir ja alle,

es ruht die Welt in Feld und Flur.

27.4.2025

KARFREITAG

Hoppala, ich üb schon mal,

in zwei Tagen hab ich Qual,

alle Eier zu verstecken,

zwischen Blumen und in Hecken,

sucht, ihr Kinder, und ich weiß,

Ostereier fördern Fleiß.

-

Und ihr sucht mit euren Körbchen,

drinnen, draußen, welch ein Spaß,

rote, blaue, gelbe Eier,

manchmal ist das Gras noch nass.

Doch das stört nicht, Schoko-Eier,

manchmal gar mit Zuckerguss

sind zu Ostern eine Freude

abgesehen vom Genuss.

-

Und in jedem Jahr das gleiche,

spät im Sommer, ganz versteckt

im Gebüsch so ganz verborgen

man das letzte Ei entdeckt.

Häschen lacht sich eins ins Fäustchen,

siehste wohl, ich bin zu schlau,

niemals findet ihr sie alle,

ich hab Spaß an dieser Schau.

18.04.2025

OSTERN REGEN

Ostermorgen und es regnet,

doch es steht ein Fenster offen,

schleich mich einmal ganz still rein,

das wird wohl das Beste sein

nass ist´s draußen, viele Tropfen,

ich geh Ostern einmal rein.

-

Was denkst du denn, was ich hier mache,

warst du heut schon vor der Tür?

Ostern ist es so ne Sache,

wenn es regnet so jetzt hier,

der ganze Garten ist ne Matsche,

leg ich da meine Eier rein,

das ganze Bunte ist im Eimer,

was soll mit Schoko-Eiern sein.

-

Geht ihr noch mal ins Bett, ihr Eltern,

weckt eure Kinder doch nicht auf,

ich finde drinnen auch Verstecke,

verlassen könnt ihr euch darauf.

So halbe Stunde müsst ihr geben,

bis dann die Sache ist geritzt,

das Fenster bitte lasst noch offen,

dann bin im Nu ich rausgeflitzt.

20.4.2025

KLEINER HASE, DICKES EI

Hab gedacht, 10 Hühnereier,

die bemalen dann auch noch,

ist mir heute zu umständlich,

EIN Ei reicht mir grade noch.

Geh ins Straußen-Wild-Gehege,

da sind Eier viel und mehr,

nehm ich eins für mich zu Ostern,

ist das Malen nicht so schwer.

-

Eins-zwei-drei, und ich bin fertig,

auf den Rücken mit dem Ding,

EINE Tour zur nächsten Kita,

und da mach ich KLINGELING.

19.4.2025

SOMMER-BRÄUNE

Geh ich in die Sonne, werd ich niemals braun,

das dachte ich mal: wär schön anzuschaun.

Hab mich so bemüht, dabei nichts gedacht,

dies Braun von Natur aus? Für mich nicht gemacht!

Ganz unbewußt hat meine Haut sich gewehrt,

hat mir nur den Sonnenbrand schmerzhaft beschert

ich wurde nur ROT, dann pellte die Haut,

hab lieber der Sonne SO nicht mehr getraut.

20.10.2024

SPÄTSOMMER

Sonne scheint noch immer warm,

Wolken ziehen durch die Lüfte,

rote Äpfel an dem Bäumen

teilen mit dem Wind die Düfte.

Reife muß sich noch entfalten,

Sommer ist noch nicht vorbei,

Herbstgeschmack läßt auf sich warten,

bis die Äpfel sauerfrei.

-

Blumen wälzen sich in Farben,

rot, orange, gelb und rost.

Geben Schluß-Salut im Strahlen

vor dem ersten kalten Frost.

Rote Hörnchen sammeln emsig

Nüsse, Samen überall,

wuseln in dem Laub der Bäume,

kommen niemals dort zum Fall

Abendsonne malt den Himmel

Leuchtend rot zur letzten Schicht,

taucht dann ab am Rand der Erde,

langsam schwindet uns das Licht.

Immer früher kommt das Schauspiel,

selbst die Kinder sind noch wach,

können Abendschau genießen

vor der immer läng´ren Nacht.

20.8.2024

SCHUMMEL-RÖTE

Äpfel tragen Schummel-Röte,

herzhaft beißt du dort hinein,

Saures zieht den Mund zusammen,

findest du so hunds-gemein.

Herbstlich rot war doch die Schale,

lieblich-süß Erwartung lacht,

grinst dich an die Ab-Biß-Stelle,

hat zum Affen dich gemacht.

21.8.2024

SEPTEMBER

September kommt mit Sonnenschein,

er strahlt mir hell ins Fenster rein,

doch meine Augen sind geschützt,

das Strahlen anders wird genützt,

denn wo die Sonne grade steht,

sie nicht durch meine Wände geht.

-

Ich sitz hier friedlich und bequem,

wenn draußen leichte Winde weh´n,

am Morgen ist es noch recht frisch,

da sitz ich drinnen an dem Tisch

und tippe, was ich tippen will -

so nachgedacht und mit Gefühl,

genieße, dass die Sonne scheint -

September sich mit mir vereint.

1.9.2024

BLÄTTER-REGEN

Bei uns war heut der Rasenmäher,

das ganze Laub ist jetzt dahin,

hab Bilder gestern grad gesammelt

vom Laub im Gras, das machte Sinn,

jetzt hab ich Bilder zum Erinnern

an Laub so raschelnd und so bunt,

doch hängt noch viel in allen Bäumen,

beim nächsten Sturm gehts wieder rund.

30.10.2024

DAS ERSTE HERBSTBLATT

Es schwebt herab. -

Das erste Blatt

hat sich gelöst

und segelt taumelnd

mit dem Sommer-Wind

hinab ins grüne Gras.

-

Es leuchtet gelb,

wie von der

Sommersonne angehaucht.

Dreht sich noch einmal

mit dem Wind —

und liegt jetzt still.

-

Dann morgen früh,

wenn Nebel-Hauch

es sanft umweht,

die Morgensonne

es bescheint,

es leuchtet golden

einmal kurz noch auf.

-

Dann wird es braun.

Das erste Herbst-Blatt

Heut zur Erde fiel herab –

wir merkten es

noch kaum.

28.8.2024

HERBST-BLÄTTER

Sonne verspricht einen freundlichen Tag,

herbstlich und frisch, so wie ich ihn mag,

ich seh ihm entgegen, was bringt er mir heut,

nur grade so warm, wie es mich auch noch freut.

-

Himmel matt-blau mit schneeweißen Schafen,

der Rasen voll Blätter, man kann es kaum fassen,

mit pickenden, wandernden Krähen im Laub,

das taufrisch hier liegt und nicht mehr verstaubt.

-

Die Bäume verlieren die welkende Pracht,

gestürmt hat es heftig mit Regen heut Nacht,

dass alles, was lose war, blieb da nicht mehr

und tanzte den Tanz jetzt als Herbst-Blätter-Heer.

9.9.2024

WARUM KALT?

Kalt ist mir, wo ist der Sommer?

Stube hat nur siebzehn Grad.

Ach du Schreck, es ist Oktober,

Kalender sagt: „Ja, in der Tat!"

Heizung komm, jetzt mach mal hinne,

bring den Umlauf mal in Schwung,

Sommerurlaub war doch lange,

jetzt ruft die Veränderung.

-

Fühl mal nach – ein Glück - es klappt auch,

lauwarm fasst es sich schon an,

muss nicht lange daran basteln,

brauch auch keinen Heizungsmann.

Knistertöne mich erfreuen,

fühl im Geiste: Wird schon warm!

Doch ich weiß, es wird noch dauern,

und behalt die Jacke an.

3.10.2024

AUSKLANG

Es will der Herbst mich grüßen,

die Sonne scheint noch mild,

die letzten Sommerblumen

verewig ich als Bild,

die satten Herbstzeit-Farben

mir leuchten rot und braun,

doch Bäume sind noch Sommergrün

und herrlich anzuschaun.

-

September ist schon herbstlich,

doch warm ist noch die Luft,

vom frisch gemähten Rasen

umschwebt mich Blütenduft.

Die Blumen sind verschwunden,

doch ich weiß ganz genau –

sie kommen alle wieder

zur Sommer-Blumen-Schau. 4.9.2024

WOLKEN-SUPPE

Heut ist nicht der Himmel blau,

es regiert das Einheits-Grau,

Sonne mühsam bringt ihr Licht

durch die Graue Wolkenschicht.

Nebelmonat ist jetzt dran,

ist vorbei doch irgendwann.

-

Nächster Monat kommt bestimmt,

Weihnachts-Monat dann beginnt.

Dunkel stört uns dann nicht mehr,

unser Dasein ist da fair,

lenkt uns ab mit Weihnachts-Frust,

dieser Frust ist auch mal LUST.

10.11.2024

HUUCH

Morgen, sieben, ich bin wach,

erster Schritt geht hin zum Fenster,

schau den Himmel und die Bäume - -?

Auf dem Rasen sind Gespenster - !!!

Lauter große weiße Flecken

breiten sich im Herbstlaub rum,

liegen sie vielleicht und SCHLAFEN!?

Geisterstunde ist längst um -!!!

-

Grad will ich ans Fenster klopfen,

dass sie mit der Nacht entflieh´n,

reib den Schlaf mir aus den Augen,

seh genauer einmal hin.

Durch die Luft, da schweben tausend,

klitzeklein im Lampenschein,

strahlend weiße Nachtgespenster

tanzen ihren Ringelrein.

.

Ach du jeh, gefällt mir gar nicht,

DAS IST SCHNEE, dann ist es glatt,

doch mein altes Herz es jubelt,

sieht sich erstmal richtig satt.

Erster Schnee ist angekommen,

legt sich auf die welken Blätter,

Herbst war dunkel, grau und nass,

macht jetzt Platz für Winterwetter.

21.11.2024

ES SCHNEIT - NICHT

Der Schnee lässt wieder auf sich warten,

das ist mir recht, ich brauch ihn nicht,

muss nicht den Tag mit Glätte starten,

brauch keine lange Schlitter-Schicht.

Will locker gehen und entspannt,

nicht jeden Schritt so sorgsam setzen,

so langsam liegt es mir doch nicht,

viel lieber mag ich zügig hetzen.

-

Doch die Gedanken wandern mit,

begeben sich in flotte Zeilen,

die Schritte gehen Tritt um Tritt

und wollen mit den Worten eilen.

Schon ist ein Vers mir so erwandert,

schnell ist dort einmal nicht gestreut,

ein Fuß ist schneller als der andre -!

Noch Glück gehabt! Ich bin erfreut.

-

Drum lieb ich diesen Schnee nicht mehr,

wie früher, als er war ein Fest,

mit Schlittenfahrt und Schneemann bau´n,

und Schlittschuh laufen - und den Rest.

Ich lieb ihn nur, muss ich nicht raus,

wenn weiße Sterne durch die Welt

im Wirbel taumeln in dem Wind

vom grauen Winter-Himmels-Zelt.

11.12.2024

ZEITGEFÜHL

Es rennt die Zeit im Sause-Schritt –

MEIN Zeitgefühl kommt da nicht mit,

ein Jahr, ereignisreich erlebt,

so Vieles war nicht angestrebt.

Veränderungen gut und schön,

nicht ALLES möcht ich wieder sehn.

So zeitnah liegt es im Gefühl,

so GESTERN ist´s im Jahres-Spiel.

-

Ein Jahr, ein Tag, so scheint es mir,

vorbei ist fast das Zwanzig-Vier,

nur Weihnachten macht noch sein Ding

mit „Frohes Fest" und Klingeling.

Da sinne ich jetzt noch einmal:

Durchwachsen wars in jedem Fall,

das Gute, was es mich beschert,

ist AUCH des Gut-Gedenkens wert.

14.12.2024

ZAPFENSTREICH

Das alte Jahr dreht noch mal auf,

es fetzt der Sturm durch Wald und Wiesen,

so mancher Ast fällt jetzt vom Baum,

die Krähen durch die Lüfte schießen.

„Seht her!" sagt uns das alte Jahr,

„auch bis zuletzt will ich noch leben,

seh ich das Ende deutlich schon:

Will bis ans End mein Bestes geben.

-

Wer sagt hier ALT - NICHTS ist zu Ende,

schon Morgen ist ein neuer Tag,

so groß ist doch nicht diese Wende,

die Erde dreht sich — keine Frag.

Nur diese Zahl so ganz am Ende,

von vier auf fünf in einer Nacht,

mit Feuerwerk geschieht die Wende,

heut Abend es am Himmel kracht."

31.12.2024

NOCH MÜDE

Heute gibt es kein Gedicht,

meine Muse will heut nicht,

bei dem Lüften klappern Fenster,

rütteln daran heut Gespenster? -

die vom Feuerwerk erwacht,

hatten keine gute Nacht.

Sturm hat nochmal zugelegt,

Stadt wir heute ausgefegt.

-

Liegt nur wenig von der Nacht,

was das Feuerwerk gebracht.

Knall und Puff und Pfeif-Getös,

Sturmwind arbeitet famös,

fegt den Müll ganz einfach weg,

„Huii!!" schreit er – „nur weg, den Dreck."

-

Doch die Sträucher und die Hecken

„Schmückt" jetzt sonderbare Pracht,

was der Sturm lies heftig tanzen,

Pause hat für sich gemacht.

Ließ sich fangen in den Zweigen,

setzte sich erstmal zur Ruh,

bis es dann im Müll gelandet

und dann fällt der Deckel zu.

1.1.2025

NEUES JAHR

Morgensonne, blauer Himmel,

leis ein kleines Lüftchen weht,

langsam ziehen rosa Wolken,

Morgen bald vorübergeht.

Ruhig wieder sind die Nächte,

neues Jahr verlässt den Start,

Alltag ist noch nicht ganz wirklich,

denn dem Jahr wächst noch kein Bart.

-

Jung erscheint mir dieser Morgen,

still verschlafen und verträumt,

von Silvester keine Reste,

alles sauber fortgeräumt.

Ist fast wieder Wochenende,

Alltag fängt erst an danach,

ist man Rentner, hat man Pflichten

doch nur noch in eigner Sach.

2.1.2025

AUF INS NEUE JAHR

Domino-Steine sind gegessen,

Pfeffernüsse und auch Mandeln,

werden länger noch besessen

könnte fast jetzt damit handeln.

Reste unterm Baum sind fort,

und Geschenke weggeräumt,

Weihnachten ging schön vorbei,

nichts davon hat man versäumt.

-

Ganzes Jahr liegt jetzt vor uns,

mag nicht denken, was geschieht,

Klarheit bringt es immer nur,

wenn man so nach hinten sieht.

Pläne leben weiter schon,

was ich auch noch machen will,

habe noch so viel im Sinn,

womit ich mein Leben füll.

4.1.2025

SCHMETTERLING

Was sagst du mir mit ernstem Blick,

und nimmst den Blick auch nicht zurück:

Sahst heute einen Falter schon?

Was halte ich denn nun davon!

Es ist fürwahr doch viel zu früh,

so früh sind Falter hier doch nie.

Geirrt hast du dich ganz bestimmt. –

>Der sicher auf den Arm mich nimmt<

-

Ein Falter? - Wo? - ein Falter? - Wie?

Wo siehst du schon so´n buntes Vieh?

Ist doch noch nicht mal Februar,

ist noch ganz früh im neuen Jahr!

Hast wohl gezecht die ganze Nacht,

bist mit nem Kater aufgewacht,

im Zick-Zack schlängelt sich dein Blick,

trägt falsche Bilder dir zurück,

was vor dem Auge flattert dir,

ist nur ein geistig Flatter-Tier.

29.1.2025

SCHNEE-ZWISCHENSTOPP

Es hat geschneit die ganze Nacht,

und meine Welt wird neu empfunden,

der grüne Rasen liegt bedeckt,

die Farbe ist daraus verschwunden.

Statt grün sieht man nur reines Weiß,

und immer kommt noch mehr von oben,

der Müll muss heute auch nicht raus,

da bleib ich lieber einmal drin,

so kann ich diesen Tag mir loben,

das ist dann auch einmal Gewinn.

-

Noch eine Nacht, was soll ich sagen –

der Rasen ist schon wieder grün.

Kein Fleckchen Weiß ist mehr zu haben,

der Schnee ist einfach wieder hin.

Könnt Gummistiefel fast gebrauchen,

doch die stehn lang nicht mehr im Schrank,

muss Hip-Hop zwischen Pfützen tanzen,

DIE Schneepracht währte ECHT nicht lang.

6.1.2025

HIMMLISCH?

Nanu, nanu – was ist denn jetzt,

ich glaub, der Himmel löst sich auf,

er grad in Krümeln sich zersetzt,

so klein und weiß, ich schau mal drauf.

Hier liegt der Himmel weiß und rein

bedeckt bei uns die ganze Erde,

legt sich auf Busch und jeden Strauch

es himmlisch jetzt auf Erden werde?

-

Ach nein, ach nein, ist wohl nicht so,

es schneit nur grad, denn es ist Winter.

Da ist es öfter kalt genug,

nichts anderes steckt wohl dahinter.

Die weiße Decke ist kein Himmel,

es ist nur Schnee, der grade fällt,

und für den Winter passt es auch –

ist ganz normal in unsrer Welt.

13.2.2025

NOCH SO NEU?

Ein neues Jahr, was ist denn das,

was ist denn Neues dran?

Hast wieder mal Geburtstag nur,

und kommst nicht NEU hier an.

Hast nur die neue Zahl am End,

bist doch noch immer DU, -

die Zeiten, ja, die ändern sich

und geben keine Ruh.

Wir Menschen helfen dir ja mit,

du bist doch nicht allein,

auch DIR wir wünschen ganz viel Glück,

wie kann es anders sein,

für Frieden und auch Menschlichkeit,

da stehen wir dir bei,

Gesundheit ist das Wichtigste,

das ist nie einerlei.

11.1.2025

HUH KALT

Puderzucker fällt vom Himmel

und der Wind spielt "Puste mal",

wirbelt Flocken mir ans Fenster,

Bäume draußen sind noch kahl,

grüner Rasen leicht gepudert,

Grünes schimmert noch ganz dünn,

kalt ist mir doch noch von gestern,

ICH bleib heute lieber drin.

-

Gestern lockte mich die Sonne,

Blauer Himmel war ZU schön,

minus zehn das Thermometer,

werd ich einmal taktfest gehn.

Warme Jacke, warme Handschuh,

Fotos machen – muss doch auch,

weiße Glöckchen, Winterlinge,

Haselkätzchen an dem Strauch.

-

Erst zu Hause angekommen

merkte ich: „Mir ist ganz kalt!"

Heißer Tee aus Thermokanne

hat gewärmt nicht gar so bald.

Bleib heut drinnen in der Wärme,

Puder-Schnee ist auch vorbei,

helle Sonne, blauer Himmel

hab am Fenster Aussicht frei.

19.2.2025

DIE HÖCHSTE ZIER

Weihnachten ist längst vorüber,

und ich warte immer noch,

dass du deine Pflicht mal machst,

bringst es JEDES Jahr ja doch:

Blüten über Blüten sprießen

von Oktober bis Neujahr,

doch in dieser letzten Weihnacht

war grad nicht mal EINE da.

-

Keine Knospe ließ sich sehen,

Weihnachts-Kaktus wollte nicht,

hörte auch nicht auf mein Flehen,

lieb Zureden half auch nicht.

Grünes Blattwerk sah gesund aus,

streckte sich nach hoch und breit,

doch für ihre schönen Blüten

war es dann wohl nicht so weit.

-

Februar ist bald vergangen,

weiße Glöckchen blühen schon,

und jetzt endlich, endlich, endlich,

leuchtet erste Blüten-Krohn.

Schaut mich an mit rotem Strahlen:

Sieh mich an, ich zeig mich dir,

sollst MICH ganz alleine sehen,

so bin ich die höchste Zier.

17.2.2025

SCHÖNER FEBRUAR

Vom Süden weht ein lauer Wind,

die Luft ist mild und warm,

noch Monate entfernt wir sind

vom Mai mit seinem Charme.

Die Sonne scheint den ganzen Tag,

kein Wölkchen ist zu sehn.

Der Himmel strahlt in hellem blau -

auch Februar ist schön.

-

Doch trau dem Frieden nicht zu sehr,

der Winter lauert noch,

er kommt noch kalt mit Schnee daher

es weht von Osten doch.

Ist dann der Mantel fortgeräumt,

hol schnell ihn wieder her,

denn ohne Mantel geht's dir schlecht,

sonst frierst du doch zu sehr.

2025

LICHTEMPFÄNGER

Die Tage werden

immer länger,

zeigt Winter sich

auch noch mal strenger,

sind Blumen unsre

Lichtempfänger

und echte

"Aus der Erde Dränger".

21.2.2025

KINDER

KLINGEL-STREICHE

Wenn es oftmals bei mir klingelt,

dann ist niemand an der Tür,

aber bei mir um die Ecke

hört man Kinder hinter mir.

Unterdrücktes Kind-Gekicher,

und dann zeigt sich ein Gesicht,

vor dem Mund gepresste Hände

<u>ganz frei lachen geht noch nicht.</u>

Linst mal eben um die Ecke,

ob ich dann wohl reagier,

hintenan sind noch paar Kinder,

Stücker drei so – oder vier.

Und was mach ich – so gerufen?

Das ist doch wohl sonnenklar:

Jetzt wir lachen all zusammen,

weil es doch ein Spaß nur war.   7.10.2024

DER NEUE SCHLITTEN

Da sitz ich nun auf meinem Bob

und sage laut und deutlich "HOPP",

doch nichts bewegt sich unter mir,

denn Schnee ist Mangelware hier.

Ich harre aus auf meinem Hügel,

so steil und gut zum Schlitten fahrn,

doch liegt hier keine weiße Zier,

und ich komm unten niemals an.

-

Ich schau zum Himmel und die Wolken,

sie ziehen weiter hin zum Meer,

sie sehen doch so dunkel aus,

als wären sie von Schnee so schwer.

„Ach bitte, bitte, liebe Wolke,

lass fallen deine große Last,

„Schneeflöckchen" werd ich für dich singen,

wenn du den Wunsch erfüllt mir hast!"

20.1.2025

KURZ-GEWITTER

Sonniger Morgen, das ist doch geschönt,

wenn mich das Himmelslicht richtig verwöhnt,

ich denke, ich werde es oft noch erleben,

dann wird alles in mir dem Draußen anstreben,

doch heute, da schau ich zum Fenster hinaus,

ich geh erstmal Schreiben - und bleibe im Haus.

-

Hab grade gefrühstückt, da plattert es los,

der Bürgersteig vor mir? Da brauch ich ein Floß!

Und über mir lichtert es immer noch mal,

dann kracht es und rumpelt mit Echo im Schall.

Doch nur für Minuten, dann ist es vorbei,

von Fern es noch grummelt, der Himmel ist frei.

-

Die Pfützen in Straßen und Wegen und Gassen?

Da muss man probieren, ob Stiefel sie fassen,

erst vorsichtig rein, ob es nicht zu tief,

dann noch einen Hüpfer, dass es nur so trieft.

Ein Spaß für die Kinder, ach, welch eine Lust,

das waren noch Zeiten - es weitert die Brust.

9.4.2025

MUTTER UND PUBERTÄR-SOHN

„Vergessen? Nanu -

Schon wieder?

Hör zu!

Ich sag dir´s noch EINMAL,

drum spitz deine Ohren,

und merk es dir jetzt!

Denn das ist so wichtig,

und hör nicht nur flüchtig,

sei, bitte, jetzt einmal

mit MIR auch vernetzt.

-

Leg weg mal dein Smart-Phon

und greif dir nen Stift,

schreib auf, was ich sage,

notier den Bericht. –„

-

„Ich hab keinen Zettel,

worauf soll ich schreiben,

ich hör dir ja zu,

kann´s ja gar nicht vermeiden.“

-

„Dann schreib dir gefälligst

es hinter die Ohren,

da bleibt es dann einmal

notiert für die Zeit.“

„Ach, Mutter, was sagst du,

soll ich es dort lesen,

zum Lesen bräucht ich dann

doch andere Leut.

-

Vielleicht noch zwei Spiegel

die Schrift zu erkennen,

das könnte wohl klappen

mit Mühe und so,

doch da auch zu schreiben

will mir nicht gelingen,

nimm du doch den Stift,

ich wär dann so froh."

-

„Verflixter Banause,

hör auf, so zu reden,

was ich von dir wollte,

das weiß ich nicht mehr,

hör auf, so zu grinsen,

die Mine zu halten,

fällt mir so als Mutter

jetzt grade mal schwer."

10.8.2024

FÜR IMMER

Von Zeit zu Zeit kommst du vorbei,

wir seh´n, wie es dir geht.

Mein kleiner Sohn, jetzt bist du groß,

die Kindheit ist verweht.

Die Elternpflichten sind vorbei,

du sorgst für dich allein.

Entscheide so, wie dir´s gefällt,

wir reden dir nicht drein.

Doch eines merk dir, lieber Sohn,

das ist für immer wahr:

am Herzen liegt uns stets dein Wohl,

und wärst du achtzig Jahr.

KINDERMUND

Wachsen deine Haare wild,

da, wo sie nicht sollen,

Arme, Beine und am Kinn,

dann fängst du an zu grollen.

Arme, Beine? – macht ja nichts,

passt doch nicht am Kinn,

so als Frau mit Damenbart?

Machts nicht sehr viel Sinn!!

-

Zupfst sie raus so Stück für Stück,

doch sie wachsen nach,

hast dann einen Stoppel-Bart,

nicht die beste Sach –

aber rötlich blond und hell

fallen sie nicht auf,

doch der Bub auf deinem Schoß

kommt dir leider drauf.

\-

„Hör mal Tante, weißt du was,

dein Gesicht ist weich,

doch wenn ich jetzt schmus mit dir,

merke ich es gleich,

streichel ich jetzt so dein Kinn,

das ist wie ein Witz:

Denn du kratzt da ganz genau

wie mein Onkel Fritz!"

16.3.2025

WEIHNACHTEN

BALD NUN IST …

So kurz davor, wär ich noch Kind,

Erwartung ließ den Tag mich starten,

was mach ich nur die ganze Zeit,

ich mag doch kaum noch darauf warten.

-

Was liegt für mich dort unterm Baum,

kann ich denn auch noch alle Lieder,

die wir vor der Bescherung singen —

ich sing sie lieber nochmal wieder.

-

Ganz aus dem Kopf will ich sie singen,

dass mich nichts von dem Baum entgeht,

und von den Sachen UNTERM Baum,

was dann allein für MICH da steht.

-

Denn Mamma packt es immer aus,

dass wir in Ruhe es betrachten,

auch für den Bruder und die Schwester,

auch darauf sollen wir ja achten.

-

Das Singen geht dann automatisch,

wir haben jetzt noch Zeit zum Schaun,

wenn Lieder-Singen endlich fertig,

dann haben wir erst Zeit zum Bau´n.

-

Wird es denn früh genug auch dunkel

und kommt der Weihnachtsmann ins Haus,

und wenn von oben Sterne funkeln -

dann ist dies Jahr auch bald schon aus.

23.12.2024

SÜSSER DIE GLOCKEN …

Es suchte einmal irgendwann

zur Weihnachts-Zeit ein Mann mit Wunsch,

zu sagen ihm den Weihnachtsmann,

von Mann zu Mann, beim Weihnachts-Punsch.

Wollt doch so gern, es käme an und würde wahr

und auch erfüllt, nicht untergehen sollte er

in Sicherheiten eingehüllt.

-

Da sah er ihn, den Weihnachtsmann,

doch weiter hinten nochmal ein´,

wer ist der Echte denn wohl jetzt,

fast fängt er an gleich loszuschrei´n

-

Er staunt nur noch - !!

Denn überall in ganzer Stadt

es viele Weihnachtsmänner hat,

mit Sack und manchmal auch mit Rute,

soll jeder denken: Ist der Gute,

der so viel Schönes hat im Sack,

den er da trägt im Huckepack.

-

Er bimmelt mit der Glocke hell:

Kommt Leute her und kauft noch schnell,

was eure Lieben euch dann danken –

und manchmal kommt der Mann ins Schwanken,

denn kalt ist es zur Weihnachtszeit,

ein Glühwein gern und oft ihn freut,

kauft Leute, kauft, man lohnt es mir,

geht nicht vorbei an dieser Tür.

.

Wenn Kasse klingt zur Weihnachts-Zeit,

steht dann der Lohn auch schön bereit

für diesen Mann, der animiert,

den Leuten Honig eifrig schmiert.

„Seit du hier gehst so auf und ab,

kommt das Geschäft so gut auf Trab,

komm wieder auch im nächsten Jahr,

wir zahlen gut, das ist doch klar!"

20.12.2024

DIE LICHTER DER WEIHNACHT

Ein Lichtlein brennt, ach, ist das schön

Dezember können wir schon sehn.

Jetzt sind es zwei auf unserm Kranz,

sind mitten drin im Einkaufs-Tanz.

Das dritte Licht erhellt den Tag,

weil Sonne nicht mehr scheinen mag.

Vier Kerzen strahlen goldnen Schein

direkt in unser Herz hinein.

-

Zwölf Kerzen brennen an dem Baum,

ein Engel wandert durch den Raum,

bringt Segen für die Menschen mit,

kaum hörbar, leise ist sein Schritt.

Ich bringe Frieden in den Raum,

genießt das Licht an eurem Baum.

17.12.2024

STILLE WÜNSCHE

Frohe Weihnacht – fast vorbei,

letzter Tag der Jubel-Feste,

stiller Morgen, Ruhezeit,

genieß entspannt die letzten Reste –

-

Noch es funkelt in den Fenstern

Lichterglanz der Weihnachtszeit,

jetzt ich würde es begrüßen,

wenn es leise und bedächtig

hoch vom Himmel einmal schneit.

26.12.2024

KLING, GLÖCKCHEN

Kling, Glöckchen, klingelingelingen,

stell dich hin, fang an zu singen,

aufrecht stehen gibt dir Luft,

sing von Weihnachtlichem Duft,

füllst damit den ganzen Raum,

draußen fällt der weiße Schaum,

Schnee wird es wohl heute sein,

dann ist Weihnachten erst fein.

-

Weihnachten ist jetzt vorbei,

doch das ist mir einerlei,

Weihnachtslieder klingen mir,

Strophen sing ich, zwei, drei, vier,

Kerzen brennen auch noch schön,

Weihnachten soll noch nicht gehn.

Friede auf der ganzen Welt

hab ich heut für uns bestellt.

27.12.2024

HEIMAT

NORDLICHTER

Ostwind, Westwind, Sturm und Regen,

auch mal Sonne scheint uns hier,

wechselhaft und überraschend

ist´s in Deutschlands Nord-Revier.

Tiefer Schnee? Das war mal früher,

wenn die Dörfer eingeschneit,

alle Männer mussten schaufeln,

bis die Straßen Schnee-befreit.

-

Doch auch Sommer-Zeiten gibt es,

weite Strände, laue Luft,

Bade-Freuden, Wellenrauschen

und vom Wald der Tannenduft.

Möwenschreien, Entenschnattern,

und ein Reiher lauert still,

hat Geduld bis dann ein Fisch kommt,

<u>den er sich mal fangen will.</u>

Kleine Dörfer zwischen Auen

frei an Meer und Bucht verteilt,

alte Schlösser zum beschauen,

wo man ehrfurchtsvoll verweilt,

Zeugen längst vergangner Zeiten,

gaben Moore hier heraus,

Wikinger die Wellen teilten,

Steinzeit-Gräber grub man aus.

-

Jetzt Touristen-Schwärme ziehen

uns vorbei in Stadt und Land,

früher hat im ganzen Dorf man

jeden doch noch gut gekannt.

Sieht man heute Leute wandern

durch die Straßen, die man kennt,

unbekannt sind heut Gesichter,

keinen man beim Namen nennt.

5.10.2024

NICHTS REIMT SICH AUF OSTSEEHIMMEL

Über uns der Ostseehimmel

zeigt sich wechselhaft im Blick,

Wolken ziehen von der Nordsee,

manchmal kommen sie zurück,

regenschwer und grau die Aussicht,

doch das geht auch schnell vorbei,

Sonne scheint vom Himmel nieder

Und das Blau ist wieder frei.

-

Reimt sich nichts auf Ostseehimmel?

Na, da denken wir mal nach,

sehn ein Schäfchen-weiß-Gewimmel

wenn uns hell die Sonne lacht,

große Wolke läuft den Schäfchen

gleich voraus, bei dieser Flut,

zeigt den Schäfchen weißer Schimmel

Richtung an, und das ist gut.

13.9.24

OH, PETERSBERG

Ich glaube echt, der Petersberg,

der wächst noch immer weiter,

und steiler wird er auch damit -

ist er die Himmels-Leiter?

So mühsam ist der Weg hinauf,

die Luft wird mir so knapp,

doch bis zum Himmel will ich nicht,

drum lauf ich nicht Tripp-Trapp.

-

Den Berg hinunter geht es gut,

da geht´s wie von allein,

muss bremsen gar, geht es zu schnell,

denn Fallen darf nicht sein.

Lieg ich da einmal richtig lang,

komm ich allein nicht hoch,

das doofe Alter fühl ich dann

bin ich fidél auch noch.

3.4.2025

DAS OSTSEE-KROKODIL

Schwapp und Schwapp

und Schwapp und Schwapp,

lautlos säuselt heut der Wind,

Wellen ziehen an den Strand,

weit von weit sie kommen sind.

Bringen Gruß von fernen Ufern,

weit heran vom Baltikum,

liegt die Ostsee da so lang

wie ein Urzeit-Unikum.

-

Liegt da wie ein Krokodile

kühlt die Nase hoch im Norden,

seinen Kopf umkränzen Wälder

mit den Elch- und Rentier-Horden,

streckt noch einen Zeh nach Russland,

wärmt den Bauch am Baltikum,

und am Schluss die Schwanzen-Spitze

puschelt hier bei uns herum.

\-

Schwapp und Schwapp

und Schwapp und Schwapp,

plätschern Wellen in die Bucht,

ist der Wind ein kleines Säuseln,

haben Wellen keine Wucht,

da genießen wir den Rhythmus,

von dem Ostsee-Krokodil,

dieses Schwapp und Schwapp und Schwapp,

das bedeutet uns so viel.

25.4.2025

WATERKANT

Kommt dir das Wasser hinterher,

dann bist im Norden du am Meer,

haut ab das Wasser? Wat is dat?

Dann siehst du weithin übers Watt.

Zerzaust der Westwind dir das Haar

bist du to Hus, dat ist doch klar.

-

Das Wasser kommt doch immer wieder,

drum laufe ihm nicht hinterher,

im tiefen Schlick so schnell zu rennen,

lass es dir sagen: Das ist schwer!

Das Wasser ist ja so viel schneller,

bis endlich es sein Ziel erreicht,

du siehst es kommen aus der Ferne -

es auf dem Rückweg dich erschleicht.

-

Erst laufen Pfützen übern Boden,

dann rinnt das Wasser, holt dich ein,

bist du dem Wasser nachgegangen,

dann kann zu spät es für dich sein.

Drum hör auf Menschen, die hier wohnen,

die wissen, wie die Tide geht,

dass man als nicht Orts-kundig plötzlich

nicht bis zum Kinn im Wasser steht.

25.11.2024

TOURISMUS

Als Nachbar haben wir das Meer,

Die Stadt liegt mitten drin.

Am Anfang war´s ein Fischer-Dorf,

denn dieses machte Sinn.

Sie fuhr´n hinaus auf Herings-Fang,

für Aale und für Butt,

doch fast ist diese Zeit vorbei,

die Zeit macht´ es kaputt.

-

Jetzt strömen andre Schwärme rein

Mit Koffern und Gepäck,

sie strömen durch die ganze Stadt

die Parkplätze sind weck –

Wie in der Großstadt wimmelt es

in Innenstadt und Strand,

der Eckernförder schaut sich´s an

und stöhnt: „Laat mi an Land!"

-

Doch ist die Groß-Saison vorbei,

wie haben wieder Platz,

dann kehrt hier wieder Ruhe ein

in unserm kleinen Schatz,

dann promenieren wir am Strand

die Promenade lang,

mit diesem freien Meer im Blick -

und sagen. „Gott sei Dank!"

24.1.2025

SELTENER GAST

Das weite Meer erreicht uns hier,

schaut bis zur Stadt hinein,

kommt mit dem Sturm auch weiter noch

bis in die Straßen rein.

Da füllt es Flur und Kellerloch,

es schwimmt die Innenstadt,

es stöhnen Eckernförder dann:

„Wir haben Wasser SATT - !!"

-

Doch meistens bleibt das weite Meer

daheim in seinem Bett,

füllt Hafen und den weiten Strand

bis Unterlippe nett.

Es ist hier nicht die Nordsee

und es droht der Blanke Hans

ganz selten nur, doch wenn er kommt,

dann spielt er auf zum Tanz.

31.1.2025

DAS MEER

Es rauscht und schwappt

in stetem Takt,

es treibt zum Land –

noch mal - noch mal,

es leckt an dem Gestade,

und stetig leckt es sich was ab -

vom Strand,

und das ist schade.

26.1.2025

ERINNERUNGEN

NOCH EIN TÄNZCHEN

Hacke, Spitze, Wechselschritt,

kannst du Walzer, dann mach mit,

fass den Eichentisch mit an,

auf dem Sofa liegt er dann.

Stühle stellen wir dazu,

tanzen wollen ich und du.

Singen dann im Zwei-Mann-Chor

selber uns das Lied dann vor,

von der Donau, ach, so blau:

Machen tolle Schwestern-Schau.

12.7.2024

BIRNENKLAU

An dem letzten Haus vorbei,

dann noch einmal um die Ecke,

da stand früher mal ein Birnbaum

mit den Früchten, gelb und süß.

So verlockend, so verboten,

dass wir brauchten Schnelle Füß.

-

Denn von drinnen kam der Bauer,

Willie packte Schummel-Groll:

„Packt euch, junges Dorf-Gesindel!"

- Hatten schon die Taschen voll. –

Stoben fort mit viel Gelächter,

seine Wut war nur ein Spaß,

war nur dörfliches Geplänkel,

und wir alle wussten das.

16.9.2024

DAMALS IM DORF

Hinkepoot, das war mein Ding,

Springtau und auch Zehnerball,

beim Schweinebaumeln laut ich sing,

im Dorf sich tummeln überall.

Äpfel klauen bei den Bauern,

gaben uns sogar Verlaub,

Hinweis schmunzelnd doch gegeben:

Will nicht SEHEN euren Raub.

-

Durch den Tannenwald zu streifen

Seelen-Ruhe fand ich da,

sah im Geiste Elfen tanzen

waren mir doch so sehr nah.

Doch mit Freunden war es lustig

in dem Unterstand im Wald,

spielten wir da "Häschenschule",

Lehrerstimme laut da schallt.

-

Mit dem Rad auf schmalen Wegen

quer hindurch bis hin zum Moor,

sachte ging es da bergab

und dann standen wir davor.

Stille hing da in der Luft,

nur die Frösche gurrten leise,

und Libellen elfengleich

tanzten nach verborgner Weise.

-

Wir verharrten traumumfangen

passte hier der Lärm doch nicht,

ruhig wurden da die Rangen,

eine Weile niemand spricht.

24.10,2024

HEIMAT-GEDANKEN

Heimat war die kleine Stube,

wo als Kinder wir gespielt,

und der kleine, große Bruder

mir die Hand sogar mal hielt.

Unterm Eichentisch wir spielten,

wuselten da kreuz und quer.

Wäscheklammern als Soldaten,

Spielen ist doch gar nicht schwer.

-

Und der Garten mit den Sträuchern,

Stachel- und Johannisbeeren.

Karotten frisch aus dunkler Erde,

Mit der Harke Gänge kehrten,

die wir liefen auf und ab,

hüpften über Gurkenbeete, -

Mutter schaut mit strengem Blick.

Lasst es, Kinder, lasst es sein,

Sind die Gurken alle platt,

werdet ihr davon nicht satt.

-

Heimat war die kleine Stube

mit den schweren Eichenmöbeln,

wollte man von hier nach da,

musste man die Stühle hebeln.

Kam Besuch auch für die Nacht -

aus dem Sofa Bett gemacht.

-

Vor dem Sofa schwere Stühle,

Eichen-Tisch gab hier den Halt,

dass ich aus dem „Bett" nicht fiele, -

war die Kleinste von Gestalt.

Mamma schlief auch in der Stube,

Oma schnarchte nebenan,

Schwester schlief im Bett mit Oma,

Bruder eignes Bett als „Mann".

-

Heimat war das alte Dorf

zwischen Schlei und Noor gelegen,

Heimat waren auch die Leute

mit dem reichen Kindersegen.

Freunde waren immer nah,

immer da mit mir zu spielen,

riefen sie, dann war ich da,

so inmitten all der Vielen.

-

Heimat war das ganze Dorf,

waren Wege, die wir liefen,

Heimat waren diese Mütter,

laut sie ihre Kinder riefen:

Aahmbrot - Kinder,

kommt nach Haus,

Bettzeit gleich, der Tag ist aus.

22.8.2024

WINTERWEISS

Winterweiß mit Eis und Schnee,

ward damals doch so gern begrüßt,

da gab es Schulfrei öfter noch,

das hat den Schnee uns toll versüßt.

-

Eingeschneit im kleinen Dorf,

Schlitten raus, die Kufen sausen,

Schlittenberg war dicht dabei,

ei, wie konnt man runterbrausen.

-

Bis zur Straße und noch darüber,

Autos konnten ja nicht fahrn,

immer weiter um die Wette,

fröhlich schneegeschenkter Wahn.

17.1.2025

BILDUNGS-REISE

Wir wollten ins Louvre, da war sie zu sehn,

ganz Echt: Mona Lisa, dies Bildnis so schön,

aus Büchern und Kunstdruck war sie uns bekannt,

drum zogen wir aus ins sprach-fremde Land.

Paris war das Ziel, die Freude war groß,

Gestartet in Flensburg, von dort ging es los.

-

In Holland: Station bei Van Gogh und Vermeer,

bewunderten Kacheln in Delft auch noch sehr,

in Amsterdam wurden drei Mädels vermisst,

in Fremd-Stadt verlaufen - wie es nun so ist.

Effektiv und so Hilfreich war die Polizei,

wir hatten sie wieder, die verschwundenen drei.

-

Beengt war der Tour-Plan, drum ging es mit Schwung

durch belgisches Land mit viel Spaß und Gesung,

begrüßten dann Frankreich und sangen ganz laut

die Marseillaise mal dann einmal auf dänisch gebaut.

Der Eiffelturm grüßte am Abend mit Licht,

zu spät nach dem Plan waren wir dann auch nicht.

-

Wir sahen Montmartre, Notre Dame, Sacre Ceur,

Versaille einen Tag lang, auch noch mit Chauffeur,

die Hallen bei Nacht und dann endlich zum Schluss,

wir sahn Mona Lisa – ein so „großer" Genuss!

Auch wenn man die Maße des Bildes schon kennt,

die Vorstellungskraft sich so leicht doch verrennt!!

15.3.2025

UMZUG

Kopenhagen war vorbei,

Umzug wieder nach zu Hause -

Das Examen in der Tasche,

und dann auch noch so viel mehr.

Alles wurde gut verstaut,

Kleider, Schuhe, alle Sachen

hatten Platz in ein paar Koffern –

doch es hatten angesammelt

BÜCHER, wohl ein ganzes Heer:

–

mit den Büchern ward es schwer.

-

Hab sortiert und ausgemustert,

ab zum Antiquariat,

Kronen dafür dann bekommen,

fand mich selber schwer auf Draht.

Letzter Koffer war noch übrig –

passten alle Bücher rein,

die ich nicht entbehren wollte,

brauchte sie noch für Daheim.

-

Große, kleine, dicke, dünne,

packen war ein Puzzle-Spiel,

jeder Platz ward eingenommen,

hab gesammelt doch so viel.

Hab ein Taxi angerufen,

das Gepäck als Fracht verschickt,

Kumpels halfen mir beim Tragen,

alles war perfekt geglückt.

-

Fehlte nur der letzte Koffer

mit den Büchern – gut verpackt,

war ein Koffer noch zum Tragen,

Rollen warn nicht angesagt.

Endspurt, dacht ich, nahm den Griff

mit fester Hand und „Jetzt geht's los!"

Richte mich dann auf mit Schwung - - -

Und in der Hand - den Griff noch blos -!

-

Koffer STAND und grinst´ mich an:

„DAS hast du wohl nicht gedacht,

packst du voll mich mit den Büchern,

mir es keine Freude macht.

Bücher sind wie Ziegelsteine

nur im Einzeln sind sie leicht,

Bücher tragen so im Koffer,

kleiner Griff gewiss nicht reicht!"

-

Starke Kumpels halfen tragen,

bis zum Bahnhof mit dabei,

dass die Fracht ward aufgegeben,

ich war wieder Lasten-Frei.

Hängetasche, Geld und Ausweis,

Buch zum Lesen - Reise-frei.

Stunden sechs bis nach zu Hause,

meine Bücher – mit dabei.

-

Und am Bahnhof dann zu Hause:

Starker Bruder fürs Gepäck,

ab ins Auto – auch die Bücher,

sie erfüllten ihren Zweck.

Hatte selber Gruppenleitung,

Lehrbuch war auch jetzt noch gut,

nachzulesen, aufzufrischen,

das ward nie ein alter Hut.

18.9.2024

LEBEN

HAPPY ENDE

Ach, wie schön ist doch die Liebe,

wenn man sie in Büchern liest,

Happy End und heiße Küsse,

wenn der Maien-Flieder sprießt.

Blicke wandern selbstvergessen

hin und her im Mondenschein,

Sehnsuchtsvoll sie träumen beide:

„Jetzt sind wir nicht mehr allein!"

Schwere Zeit wird dann gemeistert,

Abschied und ein Wiedersehn,

wenn im Herbst die Blätter fallen,

wird man Hand in Hand dann gehn.

Mißverständnis wird bereinigt,

Augen leuchten Blick in Blick,

vor dem Traualtar gelobt man

Treue und für Ewig Glück.

-

Für paar Groschen ist zu haben

jede Woche neues Glück.

Wohlig läßt man sich umfangen,

von dem lockenden Geschick.

Dünn sind diese kleinen Heftchen,

schnell gelesen, heiß entzückt,

ausgelesen und zufrieden:

Happy Ende ist geglückt.

4.2.2025

PRÜFUNG

Ohne Trauschein, ohne Kinder,

Hund war auch noch nicht dabei,

Sommer, Sonne, weiße Strände,

ich und du, wir waren zwei.

Fanden uns bei Wind und Wasser,

Alltag war uns einerlei,

kamen uns so langsam näher,

waren Jung und waren Frei.

-

Ungebunden einmal prüfen,

passt es oder passt es nicht,

unverbindlich einmal nähern,

ob Gemeinsamkeit uns spricht.

Hält es länger als zwei Wochen,

sehn, wohin der Wind uns weht,

erstmal nur zusammenziehen,

bis zum Standesamt es geht.

8.9.2024

ES HAKT

Das bunte Riesenrad des Lebens,

das dreht sich grade wie es will,

mal steht es oben, manchmal unten,

bleibt auch mal hängen und steht still.

Steht es jetzt grade einmal unten,

ich weiß ja doch, es ändert sich,

nutz einmal für mich eine Pause

und pfeife auf die nächste Pflicht.

5.8.2024

GUTE ZEITEN-SCHLECHTE ZEITEN

Gute Zeiten, schlechte Zeiten,

niemand wird davon verschont

Kräfte darauf einzustellen,

sich für´s Leben immer lohnt.

Gute Zeiten geh´n vorüber,

und das Leben fordert dich,

nimm das Gute mit hinüber,

wenn das Schicksal zu dir spricht.

-

-

Ich bin dabei, ich alte Schachtel,

gekraucht im Leben wie ´ne Wachtel,

doch freier Geist hat stets gehofft,

wenn frei ich bin, wird frei gezofft,

nicht lange hadern, was nicht lief, -

jetzt läuft es wieder einmal schief.

-

Doch weiß ich erst, WAS sich mir naht,

mit Kräften wird da nicht gespart,

nur immer sutsche, wie es geht,

auch wenn der Wind mal stürmisch weht,

sich übernehmen? – Macht nicht Sinn:

SO jung wie früher? - Ich nicht bin!

-

Doch treffen andre die Entscheidung

und lassen sich damit viel Zeit,

lass mich nicht lähmen im „Nicht wissen",

nehm mir was vor, was mich befreit.

Die Fesseln, die mich grade binden?

In Knoten lösen bin ich gut,

bau mir daraus ne Hängematte,

und schaukel mich aus Angst und Wut.

7.8.2024

DU ODER SIE

Auf Du und Du mit seinen Freunden,

mit der Verwandtschaft sowieso,

war in der Kindheit man zusammen,

da bleibt es meist auch später so.

Da spielt es oft auch keine Rolle,

ob man sich gut ist oder nicht,

kann man im Grunde sich nicht leiden,

hält man sich lieber außer Sicht.

-

Lernt man die Menschen später kennen,

da ist man selten gleich so weit,

weiß man ihn auch gleich zu benennen,

zum DU ist man noch nicht bereit.

Privat möcht man doch lieber bleiben,

ob die Bekanntschaft dann besteht,

das wird die Zukunft erst noch zeigen -

ob lieber man auf Abstand geht.

22.4.2025

NICHT WIE TRUDE

Ich will lieber Schokolade,

wozu brauch ich einen Mann.

Sowas hatte ich doch lange,

kam bei mir auch ganz gut an.

Wohnte bei mir dreißig Jahre

und noch ein paar Jahre mehr,

war nicht immer eitel Freude,

doch im Durchschnitt immer fair.

-

Und nun bin ich wieder Solo,

teile mir den Tag selbst ein,

manchmal leb ich einfach lässig,

muß nichts ganz Bestimmtes sein.

Inhalt will ich selbst gestalten,

will ich was, dann mach ich´s JETZT,

will dann niemand etwas andres,

was mir eine Grenze setzt.

28.1.2025

SEI ACHTSAM

Schau auf dich, schau um die Ecke,

denn da wartet es auch wieder,

klein und frech und ohne Achtung,

nächstes Virus, ach so bieder.

Lacht sich eins, wenn Menschen leiden,

lässt auch Tiere nicht frei gehen.

Denkt nur dran, sich zu vermehren,

findet das dann auch noch schön.

-

Drum gebt Acht auf jede Regung,

jedes Kratzen in der Kehle

läuft die Nase etwas eifrig,

den Gedanken nicht verhehle:

Gegensteuern ist gefragt,

erinnert euch, was Oma sagt´,

Hühnersuppe soll es tun,

doch nur von dem ECHTEN Huhn.

\-

Dann Zitrone mit dem Honig

schön in einem heißen Tee,

ab dafür in Kuscheldecke,

dann tut dir bald nichts mehr weh.

Hörbuch klingt in deinen Ohren,

zugedeckt du schlummerst ein,

wirst es sehn, in ein paar Stunden

lässt das Virus dich allein.

13.1.2025

HÜPFDOHLE

Ich hüpfe, hüpfe auf der Stell,

bleibe hier und komm nicht weiter,

das macht mir doch so gar nichts aus,

denn ich bin froh und auch so heiter,

hab ein Springseil mir erdacht,

schwinge es wie dazumal,

Arme kreisen, Beine hüpfen,

und mein ganzer Körper lacht.

-

Schaffe viele, viele Hüpfer,

mich behindert keine Schnur

denn das Springseil ist erdacht,

hüpfe frei in einer Tour.

Ich kann hüpfen, bis die Puste

irgendwann läuft im Galopp,

nebenan steht gleich mein Sessel

für ein Hüpfe-Zwischen-Stopp.

23.9.2024

GESPIEGELT

Siehst du dich mal doppelt,

nicht weicht der Verstand,

an der Wand hängt ein Spiegel,

hältst auch einen Spiegel

noch in deiner Hand, so seid ihr zu dritt,

denn dein lebend Gesicht, das trägst du ja selber,

doch siehst du es nicht.

-

Was dir so am nächsten

verbirgt sich vor dir

dein Blick geht nach außen

und auch dein Gespür,

doch kennst du dich aus

was im Innern dir lebt,

lebendig es jetzt grad

nach außen dir strebt.

6.11.2024

VERHEISSUNG?

Ein Regenbogen - nur ein Stück,

er drängelte sich dort hinein,

doch ich bin grade hoch entzückt,

denn oft erfreut nicht dieser Schein.

So deutlich leuchtet er mir zu,

teilt Himmels-Grau in dunkel/hell,

will es verewigen im Bild,

denn er entschwindet gar zu schnell.

-

Ich renne ihm nicht hinternach,

bin doch kein Kind mehr – weiß bescheid,

lauf ich auch noch so windes-schnell,

er bleibt ja immer grad so weit,

genießend bleibe ich dann stehn,

erfreue mich am Farbenspiel.

Seh ich ihn hoch mal über mir,

bin ich vielleicht am Lebens-Ziel?

-

Und steh ich einmal richtig drunter,

so ganz im Zentrum irgendwann,

und schau hinauf zum bunten Bogen,

was denke ich mir wirklich dann?

Ist´s Glorie, ist es Bedrohung,

wenn mich der Bogen so umfängt,

ist es vielleicht sogar Verheißung

für´s ew´ge Leben mir geschenkt?

5.9.2024

IMMER WEITER

Neue Woche, neue Schau,

weißt du dann auch ganz genau,

was du machst die ganzen Tage,

manchmal ist es Müh und Plage,

hältst die Hände nicht im Schoß,

dann sei froh und freu dich blos.

-

Hast du Arbeit noch als Pflicht,

nutze sie und mäcker nicht,

auf und ab, wie auch im Leben,

ist die Freude und das Streben,

ist das Glück heut ganz famos -

denn du bist nicht arbeitslos.

-

Rentenalter und gesund,

ist der Glücksfall richtig rund.

Du kannst deine Zeit verwalten,

ganz nach eigner Lust gestalten,

Chef bist du jetzt ganz allein,

mir geht's so, und das ist fein.

14.10.2024

LEBENSABEND

Du bist allein, fühlst dich verlassen,

es fällt dir alles grad so schwer,

hast viele Menschen schon verloren,

die andern siehst du kaum noch mehr,

Die Wege, die du einst bewältigt,

ganz ohne Mühe, stundenlang,

die schaffst du nicht mal bis zur Hälfte,

bevor zu schwer wird dir der Gang.

-

Hast Menschen um dich mit Problemen,

sie sind dir nah, betrifft auch dich,

hast du auch stets ein offnes Ohr,

so richtig helfen kannst du nicht.

Erfahrung aus dem langen Leben,

lässt fühlen, dass du sie verstehst,

und raten, wenn sie dich denn fragen,

und nicht nur achtlos weitergehst.

-

Doch will das Auto mal nicht laufen,

steht dann ein Umzug auch noch an,

kannst geben noch mit warmen Händen

und selbst dann freuen dich daran.

Die Hilfe, die du selbst erhalten,

als alles lief den Bach hinab,

die kannst du heute weitergeben

kannst doch nichts nehmen mit ins Grab.

11.10.2024

WIE HEISST SIE NOCH - ? - ?

Viel-Tausend Namen schwirren mir

in meinem Kopf herum.

Doch fragst du mich nach EINEM jetzt,

ist mir es grad zu DUMM.

Ich weiß genau, wen du jetzt meinst,

ich sehe sie genau,

seh auch die Mutter vor mir stehn,

so wird sie sein als Frau.

-

„Hieß sie nicht ANNE, sag doch mal,

wir hatten davon zwei?"

„Nein, ANNE, nein, so hieß sie nicht,

SIE war nicht mit dabei."

So lange ist es auch schon her,

die Kita-Zeit ist fern,

und Namen sind wie Schall und Rauch

von einem andern Stern.

-

Wie hieß sie noch, die kleine Deern

mit braun-gelocktem Haar,

die kleinen Bäckchen rot und rund,

die Augen hell und klar,

ein süßes Lächeln im Gesicht,

wich jedem Streiten aus,

war Freundin mit Charleen damals,

die nette kleine Maus.

-

Ganz ohne Frage weiß ich doch

genau wie sie genannt,

es liegt mir auf der Zunge grad,

war mir doch stets bekannt,

doch auf der Zunge liegt er gern,

will einfach nicht hinaus,

und denke ich mal schärfer nach,

kommt er erst recht nicht raus.

-

Doch Stunden später dann daheim,

ich wollte schon ins Bett, -

noch Zähne putzen und aufs Klo,

der Spiegel schaut so nett,

mein Hirn beschäftigte sich mal

mit sich so ganz allein –

da ploppte das Gesicht hervor

mit Namen ECHT und fein.

-

Die METTE war das liebe Kind -!!

Auf einmal war sie da,

schrieb lieber gleich den Namen auf,

so oft es schon geschah,

Gesichter bleiben besser mir,

sind lange noch vertraut,

doch Namen sind schnell Schall und Rauch,

sind mir auf Sand gebaut.

21.1.2025

LODERNDE HERZEN

Auch im Alter glüht die Liebe,

rotes Blut noch immer schäumt.

Alters-Rost vergeht mit Trieben,

die nicht einfach fortgeräumt.

Immer noch berührt ein Lächeln,

blitzen Augen mit Gefühl,

altes Herz kann auch noch lodern,

macht noch lange mit im Spiel.

12.2.2025

WEHMUT

Blätter fallen, stille Wehmut

Zeit des Abschieds ist dir nah,

wieder geht ein Jahr zu Ende,

noch ein Freund ist nicht mehr da.

Lebenszeit geht jetzt zur Neige,

viele gingen schon vor dir,

die mit dir die Kindheit teilten,

keiner davon ist mehr hier.

-

Mutter, Schwester und der Bruder,

Tränen weintest du um sie,

nach erfülltem, langem Leben,

war es doch nicht gar zu früh.

Gönne ihnen ihre Ruhe,

dieser Schmerz geht auch vorbei,

im Erinnern kannst du träumen,

Mutter und Geschwister drei.

\-

Langes Leben, Licht und Schatten,

in der Stille denkst du dran,

Trautes Heim, ein Nest voll Wärme

wie dein Leben einst begann.

Nachkriegszeit und große Armut,

doch ihr hattet ein Zuhaus.

Kraft es gab, um selbst zu fliegen

in das eigne Leben raus.

29.9.2024

RÜCKBLICK NACH VORNE

Einundachtzig Jahre Leben

viel gesehen und erlebt,

vieles habe ich erreicht,

auch viel vergeblich angestrebt.

„Musst dich nach der Decke strecken,"

sagt´ Mama mir ganz früh schon,

„wie gebettet - musst du liegen,

die Entscheidung trägt schon Lohn."

-

Und manchmal denkt man auch: Was solls,

mir geht es doch noch gut,

die achtzig hab ich überholt,

hab Lust und auch noch Mut –

auf was ich immer gern gemacht,

das mach ich auch noch heut,

das Leben und das älter sein

mich oft sogar noch freut.

-

Umrunde halb den Eimersee,

dann sitz ich auf der Bank,

die steht da sicher jetzt für mich,

ich streck die Beine lang,

sieh mir die Fotos alle an,

die ich bis jetzt gemacht,

nehm dann den andern Weg zurück,

solang die Sonne lacht.

-

Red noch ein Wort mit Hochland-Rind,

das schaut ganz treu mich an,

geh langsam wieder dann nach Haus,

grad so wie ich begann.

21.12.2024

GETRÄUMTE ERINNERUNGEN

Es sind so viele uns vorausgegangen,

die mit uns gingen Teile unsrer Zeit.

Verinnerlicht sie leben in uns weiter,

bis irgendwann an nicht bekanntem Tag,

da treffen wir sie wieder in der Endlichkeit.

-

Bis dahin leben sie in unsern Träumen

so ganz wie immer noch, lebendig und uns nah,

und wachen wir dann auf am frühen Morgen:

Es war so schön, sie waren wieder einmal mit uns da.

6.3.2025

NACHDENKLICH

AUF ROSEN WANDELN

Willst du auf Rosen wandeln,

genießen ihren Duft,

die Lerchen schlagen hören

und wie der Kuckuck ruft?

Begeh den holden Teppich -

Prinzessin bist du jetzt,

doch trag nicht Seiden-Schuhe,

es sonst die Füße fetzt.

Denn Rosen haben Dornen,

auch wenn sie oft versteckt,

so rot sind oft die Rosen,

weil rot das Blut verdeckt.

Nimm lieber Blütenblätter

vom Mohn so rot und zart,

da werden deine Füße

so rosenrot apart.   16.10.2024

MEIN GLÜCKS-KÄSTCHEN

Ich hab in meinem Herzen drin

ein Kästchen, so ganz tief verborgen,

da kommen Glücksmomente rein

als Gegenpart bei Zorn und Sorgen.

Da horte ich, was schön und gut

mich hat bereichert durch die Jahre,

das wird fürwahr auch oft gebraucht,

die ganz besondre Glückskeks-Ware.

-

Die Veilchen unter nackten Sträuchern,

Geburtstagsgruß aus der Natur,

die Wege, die ich so oft wander

mit Kamera in Feld und Flur.

Die Bilder, die noch lang erfreuen

beim Gang durch meine Bilder-Welt,

sitz ich vor ihnen am Computer –

dies meine Welt zusammenhält.

\-

Mein Glücks-Versteck ist stets erreichbar,

wenn Negatives mich erreicht,

dann sitz ich träumend an dem Ufer,

und mir wird meine Seele leicht.

Wenn Wellenschlag den Strand berührt

im gleichen Rhythmus wie mein Herz,

lass ich mir die Gedanken wandern -

gemildert wird dann jeder Schmerz.

13.3.2025

MEIN NAME?

Ein Name ist nur Schall und Rauch,

doch ist er wichtig für die Welt,

dann weiß man, dass da Jemand ist,

der sich der Welt hat zugesellt.

Ein Ausweis mit dem Namen drauf

gibt dir erst Leben ganz real,

hast keinen Ausweis im Besitz,

dann sagt man dir: „Dich gibt´s nicht mal - !"

-

Mein Name ist ein Name nur,

doch kennst du MICH damit?

Ich weiß kaum selber, wer ich bin,

nicht so auf Schritt und Tritt.

So oft geschieht es doch für mich:

Was hab ich jetzt gemacht?

So bin ich eigentlich doch nicht,

was HAB ich grad gebracht !!

-

Spontan lass ich mich manchmal ein

auf Dinge, die ich nicht durchdacht,

es locken Fettnäpfchen mich rein

hab selber Hürden mir erbracht.

Doch hab ich auch im Übermut

mir was geleistet, was ich will,

ich WILL es eigentlich ja nicht,

doch lockt mich einfach ein GEFÜHL.

8.4.2025

ABSCHALTEN

Nicht immer nur eilen,

das Spiel nicht vergessen,

sei auf die Pflichten

nicht so besessen,

willst du für andere

besser nur sein,

sie danken es nicht

krieg dich wieder ein.

\-

Nicht nur für die andern

sei du stets bereit,

du brauchst auch für DICH mal

behagliche Zeit.

Denn wie kannst du geben

mit helfender Kraft

wenn du dann am End

ausgelaugt und geschafft.

-

Ein Spielchen für dich

entspannend und leicht,

ist doch ganz gewiß nicht

verschwendete Zeit,

du tankst einmal auf

Gedanken gelöst,

du schaltest mal ab

wenn´s um dich noch so töst.

19.10.2024

PAROLEN

Ganz entspannt die Mitte finden,

aber Umwelt macht nicht mit.

Lauthals schreiende Parolen

sind für andere DER Hit.

Bittest du um etwas Ruhe,

weil es schallt dir ins Gehirn,

schreit der Makker nur noch lauter,

um sich selber nur zu hör´n.

-

Argumente hat er selber,

nimmt nur an, was ihm so paßt,

doch ich habe es nicht gerne,

wenn man so fanatisch haßt.

Jeder Mensch hat doch auch Gutes,

was man lieben kann sogar,

lerne ihn doch erstmal kennen,

dann erst wird es offenbar.

17.10.2024

ALLTAG TUT GUT

Immer nach Besondrem streben,

glücklich wirst du damit nicht,

gibt's nicht allzu oft im Leben,

strahlt nicht immer dir ein Licht.

Wenn die Tage dir vergehen

in dem gleichen Alltags-Trott,

ist das Unglück nicht zugegen,

fließt die Zeit so leicht und flott.

-

Hat das Böse dich umfangen,

ist es irgendwann vorbei,

dann begrüßt du Alltags-Zeiten,

und du liebst dies Einerlei.

Frei von Sorgen, frei von Nöten,

nimmst die Tage wie geschenkt,

atmest tiefer wieder durch

und der Blutdruck wird gesenkt.

27.10.2024

WEGE MIT UND OHNE ZIEL

Der Weg ist das Ziel,

da komme ich mit,

im Weg ist die Vielfalt

auf Schritt und auf Tritt,

will man nur das Ziel,

das ist es dann schon,

der Weg bringt viel mehr,

hat vielfachen Lohn.

-

Hast du nur das Ziel

In deinen Gedanken,

da willst du nach rechts

und nach links auch

nicht schwanken.

Das Ziel ganz alleine

mit seinem Gewinn

ist für dich so wichtig

und macht für dich Sinn.

-

Der Weg und das Ziel

hat beides Gewicht

es kommt darauf an

ist es frei oder Pflicht,

ein Ziel für den Alltag

muss immer mal sein,

ganz frei kannst du wandern

für dich ganz allein.

27.3.2025

RUHEPAUSE

Steht eine Bank am Wegesrand,

lädt ein zu einer Rast,

du bist gegangen eine Weil,

jetzt grade mal es passt –

für eine Pause bist du schon

bereit, nicht mehr ganz fit -

dann setz dich nieder, ruh dich aus

von eifrig Schritt und Tritt.

-

Und sitzt schon jemand auf der Bank,

und du hast auch noch Zeit,

und lächelt dich der Jemand an,

bist du vielleicht bereit –

ein Schwätzchen zur Gemütlichkeit,

auch freundlich - sowieso –

dann macht Gemeinsamkeit viel Sinn

und beide sind dann froh.

4.3.2025

NOVEMBER-BLUES

Ich weiß nicht, wo die Sonne ist,

sie wird seit Tagen schon vermisst,

der graue Himmel hängt so tief,

ob wohl die Sonne darin schlief?

So einheitsgrau, nuancenfrei,

wie aus der Magermilch ein Brei

hängt heut die triste Himmels-Decke!

Ich bleib im Haus: Es grüßt die Schnecke!!

Der leichte Wind lässt Blätter fallen,

braungelb sie legen sich ins Gras,

sie decken ab den grünen Rasen,

Sprühregen macht das ganze nass.

Der Herbst liegt in den letzten Zügen,

bald steht der Winter vor der Tür,

schon sieht man Sternen-Lichter hängen

in dunkler Stadt als Weihnachts-Zier.

19.11.2021

LEICHT REDEN

Wer blickt schon hinter seine Stirn

warum er dieses Leben lebt,

ist er aus eignem Willen frei?

Hat er wohl selbst danach gestrebt?

Hat Zwang des Lebens es bestimmt,

dass er alleine lebt wie jetzt,

hat Schicksalsmacht das Rad gedreht,

und ihn ins Abseits dann gesetzt.

Seid still, ihr Leute

was wisst Ihr,

wann klopft die Not

an EURE Tür?

5.11.2024

GLEICHER WERT

Worin besteht des Menschen Wert,

ob Jung ob Alt, das kann man nicht vergleichen,

was man im Alter nicht mehr schafft,

was man noch hat, -

das kann im Alter gut noch reichen.

-

Lasst rennen, hasten,

wer noch jung an Jahren, -

wir Alten haben Werte noch und nöcher.

Der Lebensweg beschenkt uns mit Erfahrung,

wo nichts mehr ist,

stopft Fantasie geschwind für uns

so trefflich alle dunklen, stillen Löcher.

15.1.2025

MITNEHMEN

Erinnerungen plagen

oft in bedrängter Zeit,

wo alle Freuden weichen,

das Dunkle steht bereit

die Narben aufzureißen,

die noch nicht ganz geheilt.

Gedanken sind gefangen,

sind noch nicht glattgefeilt.

-

Nähm ich dann einen Lappen

und wischt mal drüber weg,

die böse Zeit entfernen,

nur Gleichmut ist der Zweck.

Verschwindet alles Hadern,

dann atme ich befreit,

erfreue mich der Leichtigkeit

in dieser bessren Zeit.

-

Doch fänd ich diesen Lappen

und wischte alles fort,

was nicht so gut gelaufen,

ich suchte Ort um Ort.

Denn dieses Fortgewischte -

ein spürbar schwarzes Loch,

ach, dass ich´s wiederfände,

gehört zu mir ja DOCH.

29.11.2023

NACHHALTIG

Reste mit nach Hause nehmen,

abgelegte Kleidung schönen,

wer mal darauf angewiesen

wird dem Überfluss nicht frönen.

Der schätzt heute, was er hat,

dass sein Bauch wird richtig satt,

dass er Miete kann bezahlen,

sich im warmen Bett kann aalen,

auf dem Konto hat noch Plus,

Geld reicht immer bis zum Schluss.

-

Wirft nicht einfach auf den Müll

weil es nicht mehr so modern,

zieht nur an, was IHM gefällt,

eigne Kleidung hat er gern.

Zeitlos ist´s im Kleiderschrank,

hält dann viele Jahre lang.

5.12.2024

TEMPERAMENT

Wenn Gemüter losgelassen,

fliegen Teller und auch Tassen,

doch nach durchgeschlafner Nacht,

wirds dann wieder gutgemacht.

Denn die Tassen und die Teller

sind noch alle heil im Schrank,

Wortgefecht kommt schon mal schneller,

doch man hat sich in der Hand.

-

Kennen sich die Pappenheimer,

ist die Freundschaft nicht im Eimer.

Mit Respekt und Kompromiss

Ist geleimt der Meinungs-Riss.

28.2.2025

ZAHLEN-RINGELREIN

Eins, zwei, drei, vier, fünf,

sechs, sieben, ich will haben,

ich will lieben,

doch so einfach geht es nicht,

die Erfahrung zu mir spricht,

nur so WOLLEN bringt nichts ein,

eigner Einsatz muss auch sein.

-

Auch ein Zahlenringelrein

kann so nachdenklich mal sein,

da tauchen aus dem Seelengrund

Gedanken auf aus tiefstem Schlund,

das Reimen bringt Gedanken

zum Schwingen und zum Schwanken,

greift sich aus dem Gedächtnis

vergessenes Vermächtnis.

15.12.2024

ZUFRIEDEN

Was frag ich viel nach Ruhm und Geld,

DIE Götter hab ich nicht bestellt,

und meine Wiege zierte auch

kein Lorbeerkranz und Taler-Schlauch. –

Ich hab die Sonne und den Mond,

die Krähe, die im Baum dort wohnt,

den Löwenzahn im grünen Gras,

hab Menschen, auf die ist Verlass,

hab Kinder, Enkel und ein Heim,

wie soll ich nicht zufrieden sein.

10.1.2025

WAR SCHON WÄHLEN

Stimme eins und Stimme zwei,

viele Leute warn dabei,

war ein Kommen und ein Gehen,

hab Bekannte auch gesehen,

"Guten Morgen, auf zur Wahl,

Kreuzchen setzt - auf jeden Fall,"

Ich weiß auch genau, warum,

viele kämpfen noch darum.

-

Demokratie, ihr lieben Leut,

ist keine Selbstverständlichkeit!!

23.2.2025

SCHREIBEN

KLARE WORTE

Schreibe ich für andre Leute,

die es lesen, wie ich weiß,

muss ich doch auch damit rechnen,

dass sie denken: So ein Scheiß!

Finden es total daneben,

Worte laufen ungelenkt,

wie soll man denn das verstehen,

was der Reimer sich hier denkt.

Darum klar sei deine Rede,
lass es nicht im Nebel stehn,
kann der Leser da nur raten -
muss dann selbst am Rade drehn.
Dann wird schwer das Weiter-Lesen,
Ratespiel soll es nicht sein,
willst du andere erfreuen
schreibst nicht nur für DICH allein.

28.7.2024

FACEBOOK INSPIRIERT

Mit Sonne ist es heute essig,

doch ich bleib drinnen sowieso,

schnapp ab und zu nur grad Balkonluft,

und andre machens ebenso.

Dann seh ich am PC ins Facebook,

sind meine Freunde auch noch da,

wenn sie dann posten, kommentieren,

dann fühle ich mich ihnen nah.

Was sie da schreiben, les ich gerne,

in Vielem denke ich auch gleich,

und weicht es ab, liegt es mir Ferne?

Denk nach, was spielt mir einen Streich?

Inspiration zum selber schreiben

bringt oft es mir - reimt es noch dann,

dann hab ich wieder was zum posten,

das kommt vielleicht auch bei euch an. 8.2.2025

BUCHSTABEN-SUPPE

Habe ein Gedicht geschrieben

Lange hin und lange her,

waren Lettern so verschieden

standen kreuz und standen quer,

tanzten Reigen miteinander

wechselten so ihren Platz

konnte selbst es nicht mehr lesen

zwischen Komma, Punkt und Satz.

-

Mischte daraus eine Suppe

Ließ es brodeln und gedeihn,

nun macht hinne liebe Leute

stellt in Reih und Glied euch ein,

sucht euch selber eure Plätze

wohin ich euch klug gedacht,

macht Gedicht daraus mal selber

wenn es soviel Spaß euch macht.   31.7.2024

LYRISCH GEPLAUDERT

Ein neues Buch, ein neues Glück,

so wächst es weiter, Stück um Stück,

Gedichte sind jetzt gut verwahrt,

geordnet je nach seiner Art.

Ein Neues kommt jetzt ins Regal,

ich lese alle noch einmal.

Ich blätter hin, ich blätter her,

genieße alle – kreuz und quer,

mal dänisch, mal ist deutsch am Start,

mal Platt mal Hoch, in eigner Art,

such ich Bestimmtes mir dann aus,

schau ins Archiv und find es raus,

in welchem Buch ich dieses find,

nach Datum sie geordnet sind.

13.8.2024

HALB-WACH

Hab heut keine Lust zu Dichten,

meine Muse schläft wohl noch,

müßt IHR dann wohl auch verzichten,

denn mein Geist hat grad ein Loch.

Dämmert sich so durch den Morgen,

Geistes-Blitze schlafen fest,

Augen hab ich doch schon offen,

mehr sich grad nicht fangen läßt.

23.1.2025

AUS DEM HERZEN

Gedichte aus dem Herzen kommend,

sind immer, immer neu gefühlt,

so kommt es, daß -

WANN sie geschrieben,

es keine große Rolle spielt.

Es ist gefühlt, als wär es gestern,

sogar schon manchmal grade JETZT,

man ist in früheres Erleben

mit schönster Zauberkraft versetzt.

3.11.2024

TIERE

AMSEL-SPIELE

Die Amsel? - Nein, sie singt noch nicht,

doch sitzt sie lauernd am Balkonen,

und siehste wohl, da kommt er schon,

ihr Makker will bei ihr dort thronen.

Tschick - tschick, begrüßen sich die beiden,

dann fliegt Sie fort zum nächsten Baum,

Er folgt ihr nach, zum selben Raum,

ich glaub, er kann sie sehr gut leiden.

13.2.2025

NACHT-SCHMETTERLINGE

Amseln singen Wechsel-Lieder -

Ständchen uns zur guten Nacht,

Sonne sinkt im Westen nieder

und der Mond beginnt die Wacht.

Farbverwischt wird Grün des Sommers,

Abendluft wird köstlich frisch,

Fledermäuse zwitschern freudig:

„Kinder kommt, jetzt geht´s zu Tisch!!"

-

Und sie schwirren durch die Lüfte,

fliegen ihren eignen Stil,

Schmetterlinge unterm Himmel,

schwarz im fahlen Himmels-Spiel.

Letztes Licht der Abendstunde

fängt dies Schauspiel für uns ein,

Fledermaus beim Abend-Frühstück:

Sommerglück im Mondenschein.

24.7.2024

KRÄHEN IM WIND

Die Sonne scheint, die Luft ist klar,

im Baum sich wiegt die Krähenschar,

die Birke ist so biegsam leicht,

als Wippe sie den Vögeln reicht,

nur manchmal in dem Wind sie bebt,

und Krähe leicht die Flügel hebt.

-

Sie balanciert auf dünnem Zweig,

den Kopf sie leicht zur Seite neigt,

EIN Flügel reicht ihr für den Stand,

das Gleichgewicht ihr nicht entschwand.

Sie schaukelt weiter hin und her

fast schwerelos im Wind-Verkehr.

22.3.2025

JAKOBS BÄR

Spinn dich ein, du hübsches Ding,

ehe dich die Kälte fing,

mummel dich in den Kokon,

während dich noch wärmt die Sonn,

Winter ist für dich nicht gut,

fängt er dich und deine Brut,

wirst kein Schmetterling dann mehr, -

das bedauern wir dann sehr.

27.11.2024

BLEIBT DRAUSSEN – BITTE !!

Bei der großen Hitze draußen

kommen Fliegen lieber rein,

kühlen sich bei mir im Stübchen,

und ich fang gleich an zu schrei´n.

Weil es juckt auf meinen Armen,

hab die Beine auch noch frei,

Landebahnen für die Fliegen –

Ist mir grad nicht einerlei.

-

Früher konnte ich sie fangen

aus dem Flug mit meiner Hand,

bin vielleicht jetzt viel zu langsam

und auch nicht mehr so gewandt.

Kann sie nur noch höflich bitten:

„Draußen ist es doch so schön,

liebe Fliegen, werd euch lieben,

schafft ihr es, hinaus zu gehn.

27.7.2024

QUÄLGEIST

Ach du liebe kleine Fliege,

mach vom Acker dich und flieh,

finde deinen Weg nach draußen

und setz dich nicht auf mein Knie.

Irgendwann werd ich dich kriegen,

und erwischen dich im Flug,

meine Oma konnt es auch schon,

irgendwann hab ich genug.

-

Dann wirst du mir nicht entwischen,

und ich setz dich an die Luft,

es wird dir ans Leben gehen,

hör nur! - Schon der Kuckuck ruft.

Auch die Amseln lauern draußen,

fangen dich im Fluge ein,

willst du bei mir drinnen bleiben,

Setz dich nicht mehr auf mein Bein.

\-

Meine Arme, meine Hände,

sind für dich zur Landung nicht,

und du wirst mich kennenlernen,

setzt du dich auf mein Gesicht.

Wie ein Sturmwind treibt die Puste

aus dem Mund dich an die Wand,

störst du mich in meiner Stube,

merkst du, wie du dich verrannt.

29.10.2024

FISCHFANG

Hast du einen Fisch gefangen,

halt ihn fest und lass nicht locker,

weißt du nicht, wo du kannst greifen,

ist zu glipschrig dieser Zocker?

Schlüpft dir weg und platscht ins Wasser,

deine Beute ist verschwunden,

du stehst da und bist nur nasser,

hast Erfahrung nur errungen.

-

Halt ihn zwischen beiden Daumen

Immer fest, ganz in der Mitten,

mach die Hände feste zu,

sonst der Fisch ist dir entglitten,

wirbelt frei sich mit nem Schwung,

ist nur noch Erinnerung.

-

Kannst den Fisch jetzt nicht mehr grillen,

denn der schwimmt jetzt schön befreit,

in dem frischen, kühlen Wasser,

hat dort wieder bess´re Zeit.

Griller-Würste, frisch vom Rost

Ist AUCH gute Angler- Kost.

12.8.2024

MÜMMELCHEN

Wir woll´n keine Schokolade,

nur Karotten und Salat,

Unsre Zähne müssen knabbern,

Schokolade ist da fad.

Schokolade klebt am Gaumen,

ist für uns gleich braunem Kitt,

Löwenzahn und grüne Blätter!

Frisch-Gemüse hält uns fit.

27.2.2025

DAS KÄNGURUH

Das Känguruh, das Känguruh,

hüpft doch nur vorwärts immerzu,

auf Stelle hüpft er niemals nicht,

er leistet darauf stets Verzicht,

und rückwärts? Nein – wozu denn auch,

hat vorne doch den Baby-Bauch,

springt es zurück, dann schwappt der hoch,

verliert vielleicht das Baby noch,

aus offner Tasche schwappt es raus,

aus seinem Baby-Bauch-Zuhaus,

drum hüpft das Kängu immerzu

nur vorwärst so als Känguruh.

27.9.2024

DAS FAULTIER

Ein Faultier lebt in Afrika? –

Dann such mal schön,

da brauchst du STUNDEN,

und sind die Stunden dann herum,

hast du´s noch immer nicht gefunden,

vielleicht mal so im Zoo - VIELLEICHT –

das da eins durch die Äste schleicht,

willst es in freier Wildbahn sehn,

dann mußt du anderswo hingehn.

Einmal übern großen Teich,

ganz bis Süd-Amerika,

in den Bäumen hängen sie,

und dann rufst du: „Es ist DA,

kaum zu sehen, dichtes Laub,

langsam hat es sich bewegt,

ich hab Zeit, gut hinzuschaun,

weil es so der Ruhe pflegt.“

2.12.2024

LIEBES-SEHNSUCHT

„Na, geb doch Ruh, so geht es nicht",

die eine Kuh zur andern spricht,

„Nun lass es mich doch mal versuchen,

will auch mal was vom Eros-Kuchen", -

„Ach Thealein, was denkst du dir,

ist Wachtraum nur, das glaube mir,

mit Träumen ist es so ne Sache,

da kommt die Wirklichkeit nicht mit,

doch glaub nur JA nicht, dass ich lache,

ich käme sogar selbst gern mit.

Denn drüben schnaubt ein starker Bulle,

den nähm ich gern im ganzen Stück,

vernascht er mich dann wonnevoll,

dann komm ich auch nicht gleich zurück.

Wir bilden einen Mini-Harem,

ein Milchkuh-Freudenhaus am Ort,

und kommt der Bauer - will uns trennen –

wir jagen ihn zu dritt leicht fort!"

30.11.2024

BETTWÄRMER

Kalle, Pascha, Max und Moritz

sind schon lange nicht mehr da,

muss jetzt selbst das Bett mir wärmen,

ohne meine Haustier-Schar.

Bettzeit kommt, da liegt schon einer

Hunde-Nase ist zu sehn -

Kalle, dieser schwarze Schelm,

will nicht mehr zur Seite gehn.

-

Drängeln muss ich, ganz beharrlich,

zögernd gibt er mir noch Platz,

doch wir einigen uns endlich,

ist ja doch mein lieber Schatz.

Hinter meinem Nacken schmiegt sich

schlängelnd meine Mieze rein,

fast unmerklich, wie ein Streicheln

kuschelt sie sich bei mir ein.

\-

Ach, die Zeit ist längst vergangen,

hab mein Bett für mich allein,

doch wenn kalte Stürme rauschen,

soll was Warmes bei mir sein.

Gut geformt für die Umarmung,

Kuschel-Hund halt ich im Arm,

fühlt sich an wie fast lebendig,

und er hält mich kuschel-warm.

25.3.2025

STRUPPSIE

Es regnet grade, geh allein,

mein Pudelfell mag nass nicht sein,

ich lass dich betteln, ich bleib stehn,

du kannst alleine weitergehn.

Ich bin hier grade gut geschützt,

ich mag es nicht so nass-gepfützt.

-

Mach du die Runde, ich bleib hier,

komm doch auch wieder, eh ich frier.

Nimm mich dann in der Jacke mit,

mit Körperwärme werd ich fit,

hab mein Geschäft auch schon gemacht

vom dichten Laub gut unterdacht.

-

Du hast die Tüte schon parat,

fürs Häufchen klein, so ist die Art,

entsorgt nach trefflicher Manier,

denn DIESES ist grad keine Zier.

Nun geh, mein Fresschen wartet schon,

für's Gassi-Gehen will ich Lohn.

17.11.2024

KATZ UND MAUS

Die Liebesgabe deiner Katz,

ist dir nicht immer auch ein Schatz,

besonders, wenn die Maus noch rennt

und du hast grad im Bett gepennt,

wirst wach von diesem Katz-Maus-Spiel,

dann kriegst du viel zu schnell zu viel.

-

Versteckt die Maus sich hinterm Schrank,

dann seufzt sie erst mal: „Gott sei Dank",

Für Katzen ist der Spalt zu eng,

das Mäuslein hat sich durch-gezwängt,

sitzt seelenruhig, putzt die Nas´,

schaut Katze an: „Du kannst mich was -!"

-

Doch Hunger meldet sich der Maus,

dann kommt sie ganz bestimmt mal raus,

oh weh, die Katze hat Geduld,

ist diesem Braten allzu huld.

Du weißt schon Rat, nimmst Lebend-Falle,

bestückst sie mit Nutella-Toast,

fängst Mäuschen ein und rettest sie,

gibst Katz was Leckeres zum Trost.

24.11.2024

PLATZ-RECHT

Was machst du da, du Miezekatze,

ich will da rein, gleich wird es nass,

gleich regnet es aus meiner Dusche,

glaub mir, für dich wird das kein Spaß.

Bei Regen bleibst du lieber drinnen,

brauchst höchstens mal ein Strauch-Versteck,

riskierst du wirklich eine Dusche?

Hüpf lieber noch beizeiten weg.

-

Die Mieze hat noch keine Zeit,

nahm sich ein Lego-Teil zum Jagen,

das klappert toll, sie spielt so schön,

macht für sich selber Jagd-Behagen.

Das Klötzchen hüpft und dreht und wirbelt

die Badewanne hin und her,

ein bisschen Regen aus der Dusche -

das ist für mich dann auch noch fair.

9.12.2024

GETEILTE WEISHEIT

Ach Mietze, wenn du sprechen könntest,

was hätten wir noch viel mehr Spaß,

des Nachts im Bett, nach deiner Jagd,

erzähltest du von dir mal was,

dann wüsste ich es ganz genau,

was Katzen heimlich für sich denken,

und könntest von der Weisheit mir,

ein großes Stück mir einmal schenken.

24.4.2025

KATZEN-HAARE

Katzenhaare in der Tasse

kam bei mir auch sicher vor,

als so manches Sammet-Pfötchen

knabberte an meinem Ohr.

Heute treffe ich nur manchmal

so ein kleines Schnuffel-Tier,

wenn ich Jacke einmal anzieh

und geh raus vor meiner Tür.

-

Nur die schöne, weiße Mieze

aus dem Stall auf freiem Feld,

die sich dort zu ein paar Pferden

heimisch hat sich zugesellt,

die ging übern Regenbogen,

als die Zeit für sie war da,

doch so viele, viele Jahre

waren wir einander nah.

-

Doch es gibt noch immer Katzen,

die mich grüßen unterwegs,

graue, weiße, schwarze, bunte,

die mich fragen: „Na, wie geht´s?"

Mach dann immer noch ein Foto,

hab ein Streicheln auch für SIE,

sind wir Abends unterwegs

und am Morgen in der Früh.

29.4.2025

RUDOLF AUF ABWEGEN

Rudolf streikt in diesem Jahr,

will auch mal was andres sehn,

immer durch verschneite Welt?

Will auf grünem Rasen gehn. –

-

Macht mal Pause bis April,

frisch und saftig grünes Gras,

junge Triebe an den Sträuchern,

Kräuter-Schmaus, das wär doch was. –

-

Hilft mal Osterhas beim Schleppen,

bunte Eier, welch ein Spaß,

wo hat er die abgestaubt,

selbst gelegt? Das wär zu krass.

-

War zu Gast im Hühnerstall,

aber wer hat sie gekocht?

Und dann auch noch angemalt,

ausgepustet und gelocht. –

-

Rudolf schnappt sich eine Kiepe,

Osterhase bleibt zu Haus,

Rudolf nimmt nen Wichtel mit,

der teilt dann die Eier aus.

19.12.2024

WETTER/NATUR

WETTERKARTE

Wetter hin und Wetter her,

vorauszusagen ist nicht schwer,

schau nur auf die Wetterkarte,

ist ganz Wissenschaft, die Sparte,

sieh, was dort wohin grad zieht

und geh dann im Geiste mit.

-

Virtuell man sieht die Richtung,

wie der Wind weht und wie schnell,

ziehen dunkle Wolken rüber,

oder ist der Himmel hell.

Brauchst du Schirm und brauchst du Jacke,

oder reicht ein Sommerkleid,

Wetterkarte zeigt dir alles,

was da kommt die nächste Zeit.

-

Für die nächsten Stunden gilt es

Viere sind es in der Zahl.

Wie es kommt und wie es geht,

es bewegt sich allemal.

Doch Prognose hat auch Haken,

Luft strömt hin, wohin sie will,

hat die Wolke DOCH mehr Wasser,

regnets weiter nach Gefühl.

-

Wetterkarte ist doch praktisch,

fragt dich jemand, wie es wird,

hast die Antwort auf dem Tablett,

und erzählst nicht eins „vom Pferd",

wissenschaftlich wird errechnet,

was hier durch die Lüfte zieht,

redet jemand dann vom Wetter,

redest informiert du mit.

-

Wisst Bescheid für alle Zeit,

Doch am einfachsten es bleibt,

wenn von GESTERN man es schreibt.

15.2.2025

ES GEHT LOS

Es tröpfelt nicht, es pitscht und patscht,

doch für den Müll war es noch trocken,

es wurde doch so düster schon,

ich dacht: Jetzt mach dich auf die Socken,

kannst ohne Jacke dann noch raus,

willst du den Tagesmüll entfernen,

wie lange es noch trocken BLEIBT,

das steht grad auch nicht in den Sternen. –

Denn Sterne kann man nicht mehr sehn,

nicht nur die Wolken hindern das,

bei Tage sie unsichtbar gehn,

fängt's an zu regnen - werd ich nass.

23.7.2024

KATZEN SEHEN

Hab keine Katze hier im Haus,

will ich sie sehn, geh ich hinaus,

nehm meine Kamera auch mit,

damit bin ich erst richtig fit.

-

Seh weiße Wolken unterm Blau,

seh einen Hund mit einer Frau,

begrüße sie und auch den Hund,

„Wie geht´s, wie stets," „Wir sind gesund".

Ein Streicheln und ein Schnüffel-Gruß,

und weiter geht's mit festem Fuß,

denn sicher muss mein Schritt jetzt sein,

sonst stolper ich noch in was rein.

-

Nur nicht zu schnell, ich will es sehn,

nicht am Motiv vorübergehn,

entdecken, was mir so gefällt

für meine bunte Foto-Welt.

-

Da, schau, kein Laub im nackten Baum,

steht ohne Laub im lichten Raum,

jetzt aber seh ich es genau,

ein Eichkatz dort vor seinem Bau.

Es schaut zu mir, bleibt, wo es ist,

gibt für die Fotos gute Frist.

-

Ein Glücksfall für die Foto-Frau,

das Hörnchen ist ja auch so schlau,

weiss, dass ich es nicht fassen kann,

komm nicht dort oben an es ran.

Geh weiter meiner Wege dann,

treff Katzen dann mal irgendwann.

9.1.2025

WINDVERWEHT

Foto-Tour im kalten Wind,

Handschuh an und Handschuh aus,

geh dann ein paar Schritte weiter,

kahl ist´s noch bei mir zu Haus.

Zwitschern Vögel in den Zweigen,

Handschuh aus, mach mich bereit,

nackte Zweige lassen Focus,

vielleicht ist es gleich so weit.

-

Vögel sind schon wieder weiter,

seh verschwinden sie im Flug,

Handschuh an, ich brauch die Wärme,

hab doch Fotos auch genug.

Dann ein Haselstrauch mit „Würmchen",

die hier wippen vor dem Wind,

Handschuh aus, die Kätzchen bleiben,

fliegen mir nicht fort geschwind.

-

Dreh heut nur die kurze Runde,

einmal noch rund um den Teich,

keine Ente schwimmt im Wasser,

ab nach Hause – und jetzt gleich.

Kalt sind meine kleinen Ohren,

Mützen sind nicht so mein Ding,

Handschuh wärmen sie nur wenig,

wenn sie unter ihnen sind.

-

Dann zu Hause angekommen,

heißer Tee steht schon bereit,

gieße mir die Tasse voll,

denk dann nur: "Du liebe Zeit!"

War noch halbvoll meine Tasse

mit Kaffee, nicht mehr ganz heiß,

wegzukippen? - Wär zu schade,

schmeckte AUCH – ganz ohne Scheiß!

10.2.2025

GLÜCK

Ich schau aus dem Fenster, und fühle mich glücklich,

es regnet in Strömen vom Himmel herab,

wär es so auch gestern, als ich mußte wandern

den Weg durch die Straßen zur Stadt ganz hinab.

Dort unten von Laden zu Laden gewandert,

das wär nicht so toll, trotz Schirm alles naß,

mit Jeans von der Stange zur Probe-Kabine,

von mal zu mal wechseln – mach ich langsam schlapp.

-

Drum freu ich mich heut übers Wetter von gestern,

Ein Nebelhauch nur, den die Sonne durchbrach,

nicht kalt und nicht heiß, den Schirm in der Tasche,

bei Regen, da wär´s eine nervige Sach.

Ich schau aus dem Fenster und fühle mich glücklich,

es regnet in Strömen und alles ist naß,

denn gestern war Sonne, ich konnt´ es genießen,

dass heute es regnet? Was macht mir denn das!

25.9.2024

FALLENDE BLÄTTER

Wenn fallende Blätter im Winde sich wiegen,

so schwerelos leicht folgen Träume dahin,

wo Blätter wohl landen zum welken und werden

zum Leben danach im Natürlichen Sinn.

-

Ein anderes Leben im Laub sich dann tummelt,

ein Mäuschen sich kuschelt im wärmenden Nest,

ein Igel verschläft dort die kältesten Stunden,

Insekten und Würmer besorgen den Rest.

-

Das Laub ist nicht Abfall, Natur wird verwandeln

die welkenden Blätter zu Humus danach.

Natürlicher Dünger für Wälder und Felder,

der Kreislauf des Lebens vom Mensch nicht erdacht.

9.11.2024

WASSER

Gestern kam ich naß nach Haus,

nicht Schirm, nicht Jacke

hielt mich trocken.

Jedoch es regnete grad nicht,

ward aber naß – bis in die Socken.

Es strömte aus mir selber raus,

beim Gang nach Hause

durch die Stadt,

der Stadtbus war da

grade weg,

kam dann nach Haus,

geschafft und platt.

-

Und heute morgen

grummelt Donner,

die Sonne strömt

verwaschnes Licht,

ein leichter Windhauch

her vom Fenster,

auf heiß von gestern?

Gern Verzicht.

Hab lieber doch

das Naß vom Himmel

nach Tagen voller

Tropen-Glut,

wenn Schweiß mich näßt

aus eignem Innern,

dann tut der Regen

RICHTIG gut.

14.8.2024

TRÖPFCHEN

Tröpfchen für Tröpfchen

kommt Nasses von oben,

es regnet nicht richtig,

doch ab und zu trifft

ein klatschender Patsch

deine Brille mit Spritzern

so ganz unverhofft -

und verzerrt deine Sicht.

-

Der Regenschirm bleibt noch

verstaut in der Tasche,

es reicht doch beileibe

noch lange nicht aus,

als REGEN die einsame

Nässe zu werten,

doch lieber beschleunigst

du jetzt deinen Lauf.

-

Dann kurz vor zu Hause

wird Tröpfeln zum Strömen,

jetzt lohnt es nichts mehr

mit dem Griff nach dem Schirm,

die letzten fünf Meter

rennst du durch den Regen

bist nass auf dem Kopf fast

bis rein ins Gehirn.

26.2.2025

BESTÄNDIGE VERÄNDERUNG

Beständigkeit im Wechselschritt,

so zeigt es die Natur,

nicht überall auf dieser Welt,

doch nicht bei uns so nur,

mit Sommer, Herbst und Winterzeit

und hinterher es lenzt,

dass Lenz dann bleibt das ganze Jahr

ist irgendwie begrenzt.

-

Der Wechsel hat Beständigkeit,

er ist Naturgesetz,

ist Sommer auch nicht immer gleich,

doch Sommer ist es JETZT,

wird er mal kalt mal heiß gefühlt,

Natur kann damit um,

die Blumen blühen immer bunt:

Natur weiß schon, warum.

-

So ist die Lebenszeit für uns,

von Kindheit bis zum Schluß,

die Lebens-Schritte ähneln sich,

mit Freude und Verdruß.

Veränderung ist programmiert

mit Kindheit, Schule, Job,

und schauen wir nach hinten mal –

dann lief es im Gallopp.

9.9.2024

BLÄTTER-MATSCHE

Pitsche, Patsche, Blätter-Matsche,

aus dem Grau fällt Wasser raus,

Regen strömt zu uns herunter,

mit dem Rascheln ist es aus.

Fahren Stiefel durch die Blätter,

spritzt es hoch gleich bis zum Knie,

Hose hat jetzt Sommersprossen,

braun und nass –

ich weiß nicht, wie.

11.11.2024

GRAUE TAGE

Grauer Morgen, grauer Nebel,

grau und nass ist meine Welt,

hab doch Sonne für die Tage

mir bei Petrus mal bestellt.

"Ausverkauft!" sagt mir der Gute,

„sei zufrieden, dass du lebst,

nimm das Wetter, das dir zusteht,

hast nichts andres angestrebt.

Sonne schein bei mir hier oben,

sie hat mir es mal gegönnt,

Himmelspforte steht heut offen,

werd ich AUCH einmal verwöhnt."

30.12.2024

SCHNEE-ZWISCHENSTOPP

Es hat geschneit die ganze Nacht,

und meine Welt wird neu empfunden,

der grüne Rasen liegt bedeckt,

die Farbe ist daraus verschwunden.

Statt grün sieht man nur reines Weiß,

und immer kommt noch mehr von oben,

der Müll muss heute auch nicht raus,

da bleib ich lieber einmal drin,

so kann ich diesen Tag mir loben,

das ist dann auch einmal Gewinn.

-

Noch eine Nacht, was soll ich sagen –

der Rasen ist schon wieder grün.

Kein Fleckchen Weiß ist mehr zu haben,

der Schnee ist einfach wieder hin.

Könnt Gummistiefel fast gebrauchen,

doch die stehn lang nicht mehr im Schrank,

muss Hip-Hop zwischen Pfützen tanzen,

DIE Schneepracht währte ECHT nicht lang.

6.1.2025

WETTER-THEMEN

Ihr lieben Leut, habt ihr´s gerafft,

das Wetter wird jetzt abgeschafft,

dies Wettern und dies Lamentieren

so viele sich darin verlieren,

wir wollen davon nichts mehr hören,

sie unsre klugen Reden stören.

Wir reden, wie man Menschen segnet,

und Ihr sagt uns, dass es heut regnet!

-

So lange es noch Wetter gibt,

wird reden drüber heiß geliebt,

drum wird es heute noch entfernt,

dass ihr das kluge reden lernt.

Wir bringen euch die weisen Lehren,

im Wortschatz trefflich zu verkehren,

die Themen gibt's in großer Zahl,

auch Ohne Wetter geht es mal.

-

ACH - Wetter geht, was kommt denn dann?

Hielt jemand unsre Erde an?

Und Mond und Sonne gibt's nicht mehr,

und Wolken meiden den Verkehr?

Das Meer erstarrt bewegungslos,

der Wind ist gänzlich arbeitslos,

ach Wetter bleib, ich bitte sehr,

ganz ohne dich ist Reden schwer.

28.10.2024

SCHWARZ-SEHER

Ich sehe oftmals gerne Schwarz,

steh ich auf dem Balkon,

des abends, wenn der Himmel klar,

genieße ich es schon.

Ziehn Wolken nicht im Wiederschein

vom Stadtlicht dort vorbei,

dann funkelt helles Sternen-Licht

die Schwärze klar und frei.

.-

Denn erst im krassen Unterschied

sieht man die Sterne klar,

und in dem hellen Sternenlicht

wird Schwärze offenbar.

Die Nacht erstreckt sich unbegrenzt

bis hin zum Rand der Welt,

ob dieser Rand denn auch besteht, - -

das bleibt dahingestellt.

27.1.2025

NUR EIN SCHAUER

Vom Himmel hoch, da komm ich her,

es klatscht auf die Erde und auch auf das Meer,

es schüttelt die Bäume und klopft an mein Fenster,

sind Regentropfen und keine Gespenster,

jetzt leuchtet sogar noch ein Blitz hier herein,

das musste jetzt doch endlich auch mal so sein.

Der Wetterbericht sprach davon heute morgen,

KANN MIR MAL JEMAND NEN

REGENSCHIRM BORGEN.

Der hat sich in heißester Sommernacht

ganz heimlich und leise davongemacht.

17.8.2024

SPIEL UND SPASS

HULA-HOOP

Schwingt mal eure müden Körper,

auch die Hüften, auch den Po,

Hula Hoop war einmal herrlich

und ich fand das ebenso.

Becken kreisen, Hintern wippen,

bunter Ring die Runde macht,

doch MIR wollt es nie gelingen,

Hula hat mich ausgelacht.

Schwerkraft zog den Reifen runter,

über Hüften und den Po,

viele konnten´s leicht und spielend,

ich wollt´ es doch grade so.

Hab gekreist den ganzen Körper,

von der Schulter bis zum Knie,

sollt der Ring bei mir auch kreisen,

wußte einfach niemals – WIE.

\-

Konnte Kopfstand, konnte tanzen,

Brücke machen, fast Spagat,

war beim Turnen auch gelenkig

Künste machen auf dem Rad.

Mit drei Bällen gut jonglieren,

hatte meine Nase vorn,

dass ich nicht konnt Hula-Hoopen,

DAS war mir ein spitzer Dorn.

21.10.2024

BOGEN-SCHIESSEN

Pfeile fliegen durch die Luft,

finden irgendwo ein Ziel,

töten will man damit nicht,

ist im Ganzen nur ein Spiel.

Doch mit Vorsicht läßt die Freude

sich nur immer dann genießen,

hat man Augen überall,

bevor man anfängt auch zu Schießen.

-

Jauchzer klingt, wenn man getroffen

mitten rein ins schwarze Feld,

steht daneben auch noch einer,

der dem Spiel sich zugesellt.

Doch bevor das Fest zu Ende,

steht so mancher auf dem Schlauch,

oft noch geht ein Schuß daneben,

so es geht im Leben auch.

26.7.2024

SPIELCHEN

Mach mal Pause bei der Arbeit,

kleines Spielchen am Computer,

Wimmelbild und Drei Gewinnt,

Puzzle ist auch mal ein Guter.

Fang die Maus und lass sie rennen,

Labyrinth und Wurmi bunt,

hau die Tasten nur zum Spaß,

für ein Stündchen geht es rund.

-

Aber sitzt du dann beim Level,

dieses Letzte, so gemein,

willst das ganze Spiel beenden,

das sieht dieses Ding nicht ein.

Kurz vor Schluss und immer wieder

fliegst du raus, und dumm geschaut,

grinst dich so ein Männchen an -

sagt dir dann: die Zeit ist OUT!

31.8.2024

ZITRONEN-FALTER

Falten kann man die Zitrone -

wenn man sie erst plattgelacht,

denn das Sauer macht so lustig

weil man toll Grimassen macht.

Scheibchen, Scheibchen in der Reihe -

einmal kreuz und einmal quer -

und mit ein paar Hefte-Klammern -

dann verbinden, ist nicht schwer -

klopf dann drauf mit einem Hammer -

kannst dann falten mit Genuß -

hast was Plattes zum Gestalten -

nur der Saft macht dir Verdruß.

-

Bist dann ein Zitronen-Falter,

aber fliegen kannst du nicht.

schwebst von Blüte nicht zur Blüte,

fühlst nur, dass der Hafer sticht,

denn als so ein echter Falter

wär das Fliegen doch Programm,

kühl mal deine heiße Birne,

nimm dazu nen nassen Schwamm.

28.8.2024

DROSSEL-SCHNAPS

Feuchter Abend, gut gefeiert,

Gläser hoch und Trallala,

Freunde sehen sich mal wieder

kamen her aus Fern und Nah.

-

Noch ein Prost und alles Gute,

draußen wird es langsam hell,

als gefüllte Schnapsen-Drossel

kippt er rein ins Bett-Gestell.

-

Kommt dann die Drossel aus den Federn,

Tag ist nicht mehr ganz so früh,

der Kater lauert um die Ecke,

hat leichtes Spiel so toll wie nie.

-

Frisst dann der Kater unsre Drossel,

wenn federlos sie hockt im Bad,

ein Leckerbissen ist es eben,

jedoch es auch noch Folgen hat.

-

Denn Drossel war gefüllt noch immer

bis an den Rand mit Gin und mehr,

jetzt hat der Kater einen Kater,

und dieses Tier, das stört ihn sehr.

-

Muss sich erfrischen bei der Dusche,

bis dann sein Katerkopf ist frei,

als es so leicht rann durch die Kehle,

da war es ihm SO einerlei.

12.4.2025

ERSTARRT

So schwarz kann nie das Leben sein,

dass da nicht passt was Buntes rein,

nur sehen wollen muss man´s schon,

pfeift man auch auf dem letzten Ton.

Dann sieh dich um, hol dir die Kraft,

Humor hilft, dass man es auch schafft.

-

Denn Lachen ist ja so gesund,

in Lungen geht es wieder rund,

und kommt ein Lied noch von den Lippen,

dann wird die Trübsal herrlich kippen,

ist traurig dann auch mal dein Lied,

es weich durch deine Seele zieht.

-

Denn starr soll dein Gemüt nicht sein:

Gefühle - lass sie alle rein,

sie sind das Leben und das Licht,

durch sie die Seele zu dir spricht.

Frier´ die Gefühle dir nicht ein,

so leer wird sonst dein Leben sein.

18.11.2024

KREUZWORT

Kreuzworträtsel aus Vergnügen,

seh ich so ein Heftchen liegen

oder in der Zeitung drin

ist mir auch mal ein Gewinn.

Seh ein Wort, das ich gleich kenne:

Frau vom Hahn? Ist eine Henne,

schreib es gleich ins Kästchen rein,

noch ein Wort, so ist es fein.

-

Einmal kreuz und einmal quer,

manchmal leicht und manchmal schwer,

weiß nicht weiter? - blätter um,

geh um "Weiß nicht" drum herum,

auf dann zu dem nächsten Wort –

tüfteln mal, nur so als Sport,

ist ja doch nicht harte Pflicht,

Zeitvertreib - mehr ist es nicht.

23.10.2024

DER SPIELER

Ein neues Spiel, ein neues Glück

die Kugel dreht im Kreis,

gebannt der Spieler sieht ihr zu,

die Hände naß von Schweiß.

Ach, einmal nur, ach bitte jetzt

steh doch das Glück mir bei,

und triff die Zahl, die ich gesetzt,

dann wär ich schuldenfrei.

Die Kugel hüpft, die Kugel rollt,

ist endlich dann am Ziel.

DIE Zahl hab ich doch nicht gewollt -

verloren ist das Spiel.

31.03.2024

FANTASIE

ROMEO, OH ROMEO

Ein Romeo, ein Romeo

steht vorm Balkon im Irgendwo,

er hält die Rose in der Hand

das Antlitz hält er zugewandt

der jungen holden Schönen,

will mit Gesang verwöhnen.

-

„Oh, lieblich Madel, hör mich an,

noch bin ich nicht dein Ehemann,

drum will ich dir was tönen,

sollst mir das Leben schönen.

-

Vom Himmel hol ich dir das Blau.

Des Nachts mit dir die Sterne schau,

mein Lied soll dich betören,

sag, wirst du mich erhören."

-

Er singt die liebe lange Nacht,

die ganze Straße mit erwacht

von seinen Herzens-Tönen,

und niemand will ihn löhnen.

-

Sein Lied ist leider für die Katz,

das Madel denkt: „Ach nein, mein Schatz,

mit diesen schrägen Tönen

kannst du mich nicht verwöhnen."

-

Sie macht Balkontür lieber zu,

legt sich allein zur guten Ruh,

steckt Stöpsel in die Ohren

fühlt sich grad nicht erkoren.

-

Die Minne, ja, die Minne,

sie steht dem Jüngling gut,

doch sag´s dem jungen Kinde,

sei lieber auf der Hut,

die süßen Liebes-Schwüre

sind doch so leicht gemacht,

sieht er die nächste Schöne,

die neue Liebe lacht.

15.11.2024

DER DREIZEHNTE

Schwarze Katz kreuzt meinen Weg,

ist der dreizehnte - und Freitag!

Schaut mich an und bleibt dann stehn,

ach, wie diesen Tag ich mag.

Schwarze Katze, meine Mohrle,

unvergessen ist sie mir,

seh ich eine schwarze Katze,

denk ich: Mohrle! - wieder hier.

-

Dieser Freitag mit der Dreizehn

hat mir oft schon Glück gebracht,

Führerschein bei Schneematsch-Wetter,

„Hast bestanden!" ward gesagt.

Hochzeit auch an diesem Tage –

Leben in Gemeinsamkeit,

ist es wieder Freitag Dreizehn,

SEH ich drauf, was mich so freut.

13.9.2024

PIRATENSCHATZ

Sie suchten Tage und auch Wochen,

zu finden den Piratenschatz,

sie gruben hier und gruben dort,

die Mühe war doch für die Katz.

Bald ward der Kapitän verdrießlich:

„Zum Buddeln sind wir nicht gemacht,

Piraten rauben von den Schiffen,

dort eher uns die Beute lacht!"

-

Nur Ede sprach: „Ich werd ihn finden,

ich bleibe hier und such danach,

laßt mir nur Proviant zum Leben

ich komm euch irgendwann dann nach."

Das Schiff entschwand am Horizont

und Ede fing gleich an zu graben,

doch kleine Inseln weit im Meer,

so ganz besondre Tücken haben.

-

Da sitzt er nun und macht mal Pause,

jahrhundertlang gesucht den Schatz.

Piraten-Crew vergrub die Beute,

Geheimnis blieb der rechte Platz.

Verzaubert ist die ferne Insel,

nicht wirklich sterben kann man dort,

so sucht und sucht der Ausgesetzte

der Schatz lockt ihn von Ort zu Ort.

26.10.2024

DIE AUGEN DER NACHT

Abendrot, die Sonne sinkt -

und aus dem Meer steigt es herauf

im feurig-letzten Lichterschein:

Die Stadt, aus Fantasie gebaut.

Sie sieht so wirklich aus – so fest,

zum Greifen nah – und doch so fern,

ist es ein Spiegelbild vielleicht

von einem unbekannten Stern?

-

Ist möglich, dass es uns beschert

den Blick in unsre Welt – danach –

sehn uns von dort die Augen an

so lebensecht, so hell, so wach.

Behüten mit der Seelen-Kraft

gemeinsam unsern Lebens-Quell,

dass Zufall uns zur Hilfe kommt,

grad, wenn wir´s brauchen - auf der Stell.

-

Wer kennt es nicht, das Katzen-Licht,

das uns erstrahlt in dunkler Nacht,

sonst unsichtbar aus unsrer Sicht,

zu sehen, wenn der Mond erwacht.

Ein Seelentier, so lange schon

Begleiter, ungezähmt und frei,

seit Urzeit schon dem Menschenvolk

als Trost und Helfer mit dabei.

14.9.2024

MORGENGABE

Der blasse Mond am Morgenhimmel

er lockte mich, komm doch mal raus,

nimm deine Kamera auch mit,

ich hab noch mehr vor deinem Haus.

Zuerst einmal - hier bin ich selber,

mein Anblick ist dir so vertraut,

fast durchsichtig bin ich am Morgen

bin doch massiv und fest gebaut.

-

Dann schau die Krähen, wie sie schaukeln,

die dünnen Birkenzweige wehn,

erst eine nur dann eine mehr,

zu dritt sind sie jetzt gar zu sehn.

Was sagst du, du willst rein zum Frühstück?

Dann machs mal gut, war schön mit dir,

ist morgen wieder so ein Wetter,

dann komm, ich bin dann wieder hier.

-

Ich dreh mich um, will jetzt zum Frühstück,

da zieht ein Blick wie ein Magnet,

zwei große, wache Katzenaugen,

die Mondesgabe vor mir steht!

Wie hingezaubert sitzt sie da,

hat mich ganz fest in ihrem Blick,

in Pose sitzt sie da – so nah,

zur Freude mir – ein Morgenglück.

21.9.2024

Nacht-Musik

Ich hab mein Herz in Heidelberg verloren

In einer traumerfüllten Sommernacht,

die Nachtigall hat Treue mir geschworen,

jedoch der Dompfaff hat nicht mitgemacht.

Drum blieb die Nachtigall im Heimat-Baume,

als ich das still verträumte Dorf verließ,

die große Stadt war nichts für Nachtigallen,

mit Wehmut Abschied nehmen es dann hieß.

-

Im Traum erlebe ich es manchmal wieder,

das Lied der Nachtigall erklingt mir in der Nacht,

es mischen sich hinein die alten Lieder,

die mich im Traum nach Heidelberg gebracht.

Die fremde Stadt erwacht in meinem Herzen,

bringt mir das Lied der Nachtigall zurück,

Erinnerung erwacht in hellen Nächten -

In schönen Träumen klingt die Nacht-Musik.

31.3.2025

GEISTER-KLAGE

Da sitzt der Graf, oh weh, oh weh:

was ich hier alles Leckres seh,

bin Geist doch nur, kann mir nichts nehmen,

bin ja nicht mehr als nur ein Schemen,

der dringt durch Wände leicht und schnell,

hab weder Mund noch Zahn-Gestell.

So frisch und lecker sieht es aus,

ICH bin nur Spuk in diesem Haus.

9.10.2024

GEISTER-SKAT

Oh Graus, oh Graus, das alte Haus,

doch in dem Turm, da brennt noch Licht,

allein ist das Gespenst wohl nicht,

sitzt oben in der Kemenate

beim Kartenspiel mit der Renate,

als Spielgeselle Kurt der Ritter

beim Skat willkommen ist als Dritter,

sitzt Strafe ab für seine Tat,

als Dritter Mann beim Geister-Skat.

6.9.2024

GEISTER

Kommt heut ein Geist zu mir herein,

ich denk, das wird ein lieber sein,

will doch nur Spaß und was zu naschen,

das steck ich dann in ihre Taschen,

wenn Einfallsreichtum sich noch zeigt,

dann wird er nicht hinausgegeigt.

Bei mir stehn Naschies schon bereit,

ich wünsch dann eine schöne Zeit.

31.10.2024

LABOR-SCHWESTER

Das ganze Blut für das Labor,
das kommt mir doch so seltsam vor,
im dunklen Schrank, da lauern sie,
Vampire hungern wie noch nie,
da müssen wir den Beitrag geben,
damit Vampire überleben.
-

Verborgen sind sie vor dem Licht,
denn das gefällt Vampire nicht,
doch Nahrung brauchen sie doch auch,
dafür braucht Schwester diesen Schlauch,
melkt durch die Nadel rotes Blut,
tut hungrigen Vampiren gut.

23.11.2024

GESCHENKTE ERINNERUNG

Erlebst du nachts in tiefem Traum

ein Leben voller rosa Schaum,

halt als Erinnerung es fest,

lebendig - sich nicht nehmen lässt!!

Denn träumen in der tiefen Nacht

fühlt sich grad an, wie WAHR gemacht.

8.12.2024

FACEBOOK-REISEN

Schöne Reisen, schöne Bilder,

ich bin überall dabei,

Facebook macht das alles möglich,

und ich hab die Reise frei.

Von den Fjorden bis nach Konstanz,

von New York und auch nach Wien,

ich bin überall dabei

und darf alles mit euch sehn.

-

Möglich macht´s das Internet,

muss mir keine Reise buchen,

scroll mich durch die ganze Welt,

kann riskantes auch versuchen.

Kann in tiefe Täler sehn,

eine Rast mit Brotzeit machen,

dabei hoch von Bergeshöhn

mit dem eignen Echo lachen.

-

Hoch auf See mit Sturmgetöse

sitz ich sicher vorm PC,

fahr mit Schie die Piste runter

ohne Sturz und „Ach-Oh weh".

Seh den Karneval in Rio

Mona Lisa in Paris,

Von gemütlich eigner Stube,

seh mit Freuden alles dies.

2.2.2025

HALLO NÖCK

Bin so oft an diesem See,

hab die Kamera dabei,

komm und zeig dich, kleiner Nöck,

Bild-Platz hab ich auch noch frei.

Würd so gern ein Foto machen,

und ergründen, was ich seh,

ei, wie würde ich dann lachen,

mit dem Nöck in meiner Näh.

-

Käm dich öfter noch besuchen,

neue Freunde wär´n wir zwei,

kenn dich aus dem Buch von Preussler,

welch ein Spaß - so Grenzen-frei.

Ich zeig dir die Welt hier oben,

und du nimmst mich auch mal mit,

zauberst mir die schönsten Kiemen,

ich wär Unter-Wasser-Fit.

-

Lieber Nöck, ich warte auf dich,

immer schau ich aus nach dir,

rufe dich mit meinem Geiste,

EINMAL bist du hier bei mir!

Welten wachsen dann zusammen,

Vorbehalte schwinden hin,

Einsicht in ein andres Leben

zeigt mir auch, wie ICH hier bin.

5.2.2025

PER ANHALTER

Hexe, Hexe nimm mich mit

und dann fliegen wir zu dritt,

mit uns kommt der Drache Blitz,

und der schwarze Kater Fritz,

vier sind wir dann in der Nacht,

haben Nacht zum Tag gemacht.

Fröhlich sind wir allemal,

sausen frei durch Berg und Tal.

-

Und wir fliegen nicht allein,

schöner kann das gar nicht sein,

denn MEIN Besen springt nicht an,

Mitflug ist jetzt auch mal dran.

In Gesellschaft macht es Spaß,

so zu viert, das ist doch was,

lustig geht es heut zu viert,

„Meiner" wird noch repariert.

-

Hexen-Schmalz für meinen Besen

ist verklumpt und steif gewesen,

fliegen wollte er nicht mehr,

hüpfte nur so ungefähr,

legte sich dann einfach hin,

Energie war nicht mehr drin.

Hexen-Meister richtet´s mir,

drum ich fliege jetzt mit dir.

19.11.2024

DUNKEL-FANTASIE

Dunkel war es hinterm Fenster

vor der Küche in der Nacht,

brannte drinnen helles Licht,

Angst hat es mir oft gemacht.

Draußen war nur nacktes Nichts,

verborgen war mir, was da war,

doch jeder könnte MICH dann sehn,

in heller Küche, viel zu klar.

-

Und käme jetzt ein wilder Stier,

vom Garten her ins helle Licht

angestürmt auf wilden Hufen,

ungebremst das Fenster bricht.

Dünne Scheiben würden splittern,

meine Kehle bremst den Schrei, -

schnell mach ich das helle Licht aus - -

und ich atme wieder frei.

14.11.2024

ALLERLEI

ZÖPFE

Die Haare wachsen mir am Kinn,

die flechte ich zu einem Zopf,

mal sehen ob ich drei auch find

zusammenstehend pif-paf-puff.

Ganz vorsichtig geh ich ans Werk,

sonst zupf ich eines mir noch aus,

mit Zweien flechte ich nicht gut,

dann wird da leider doch nichts draus.

18.3.2025

NOTFALL-HANDY

Warm und friedlich und gemütlich

lieg ich hier, doch nicht allein,

es gesellen viele Freunde

sich zu mir ins Dunkle rein,

Kugelschreiber, alte Brillen,

eine Schere noch dazu,

eine Lupe, gut für´s Lesen:

Als Geschenk war das der Clou.

-

Doch wozu bin ich gekommen,

wer hat sich da was gedacht,

wozu ist ein Handy nützlich,

liegt es nur in dunkler Nacht.

Sollte doch Verbindung bringen,

wenn was draußen mal geschieht,

Hilfe wäre so willkommen,

wenn es niemand sonst dort sieht.

\-

Aber EINES ist vonnöten,

kann ich leisten, was ich soll,

bin bereit es zu erfüllen,

ist der Akku dann auch voll.

Denkt Benutzer-Frau zu selten

an das Handy in der Zeit,

lohnt sich´s nicht, mich mitzunehmen,

denn ich wär ja nicht bereit.

2.8.2024

BEAMEN

Wenn Beamen ginge durch Zeit und Raum,

das geht doch leider erst nur im Traum,

nur digital können wir es erleben,

dass wir durch Zeiten und Räume schweben.

EIN Wort nur an Scotty, dann wird es geschehn,

ein jeder durch Raum und Zeit frei kann gehn.

Doch will ich das wirklich, so ganz konkret,

dass diese Möglichkeit für mich auch besteht,

dass ich mich kann beamen, wohin ich auch will,

wie frei wäre endlich mein Lebens-Gefühl.

-

Doch ANDERE könnten es auch dann so machen,

ich glaube, das wäre bestimmt nicht zum Lachen,

denn dann steht ganz plötzlich vor mir unverhofft,

ein Mensch, der mit mir jeden Tag hat gezofft,

dann muss ich mich beamen schnell anderswo hin,

so macht für mich Beamen wohl DOCH keinen Sinn.

2.9.2024

HOPPALA

Tasse grade noch gerettet,

nur ein Tropfen ging daneben,

zielgerichtet, blitzeschnell

das gelang dir grad noch eben.

Kaffee blieb in Tasse drin,

reagieren gab Gewinn.

-

Kaffee macht nen tollen Patsch,

kippt die ganze Kanne dir,

hast ne Pfütze unterm Schuh,

heiße Sache ist das hier,

nasse Schuhe, heißer Fuss,

jetzt du auch noch wischen musst.

28.9.2024

MOND-REISE

Wär ich mal ein Millionär,

wär das Reisen nicht mehr schwer,

könnte alles auch noch sehen,

wohin sollt es mich noch wehen,

denk mir mal, das ist jetzt so,

nehm die 15. - Apollo.

-

Düse los mit Feuerschweif,

meinen Pass ich auch noch greif,

denn, wer weiß, wer mich begrüßt,

Passkontrolle denkbar ist.

Will den Mond doch nicht nur sehn,

will auf ihm jetzt einmal gehn.

-

Auf dem Mond, da wohnt ein Mann,

den seh ich mir gern mal an,

so bedichtet und besungen,

Märchen sind noch nicht verklungen,

doch, wie sieht er denn wohl aus,

und wo ist sein Mondmann-Haus?

-

Der Gedanke törnt mich an

bei dem Buch vom „Häwelmann",

Theo Storm hat es berichtet,

hat für Kinder es gedichtet,

auf dem Mond, da geht es rund,

abenteuerlich und bunt.

-

Das wollt ich jetzt gern mal sehn,

nicht nur im Vorübergehn,

wenn in tiefer, dunkler Nacht

Vollmond hell am Himmel lacht. –

Auf die Erde runtersehn,

oben auf dem Vollmond stehn.

10.4.2025

AUF GROSS FAHRT

Ein Segel-Törn bringt mir kein Glück,

ich weiche stets davor zurück,

mich auf ne Segel-Yacht zu wagen,

kann den Gedanken nicht ertragen,

dass unter mir die Wellen walten,

das Wasser hat doch keine Balken.

-

Ist Kreuzfahrt noch so sehr begehrt,

ein Schiff, das überall hin fährt,

an Bord ist High-Life und ist Leben,

ein Käptens Dinner wird es geben,

ein Swimming-Pool im Oberdeck,

mir löst es aus nur Angst und Schreck.

Denn unter mir sich Wellen türmen,

von Bord ich würd am liebsten stürmen.

-

Ein Ruder-Boot ist mir genug,

und auch ein Kanu darf es sein,

seh ich noch Land in meiner Näh,

da lass ich mich doch gerne ein.

Denn schwimmen kann ich immer noch,

bin ich nicht allzu fern von Land,

da wär ein Schiffbruch nicht so schlimm

erreiche immer noch den Strand.

7.2.2025

New York

New York, du Stadt dort in der Ferne,

bist Konkurrenz zum Babels-Turm,

steigst mit den Türmen durch die Wolken,

der Mensch ist dort klein wie ein Wurm.

In deinen Straßen tobt das Leben

so bunt, so hektisch und so laut,

wo alles will nach oben streben,.

darum wird auch so hoch gebaut.

-

Wär diese Erde keine Kugel,

wie Pfannekuchen, rund und flach,

wir könnten fast die Türme sehen,

wenn wir mal stünden auf dem Dach.

Doch ist ein Ozean dazwischen,

von hier bis dort ist krumm die Welt,

so können wir New York nicht sehen,

ist diese Stadt NOCH so erhellt.

2.4.2025

DAS LÄCHELN DER MONA LISA

Der Arno und die Mona Lisa,

sie trafen sich voreinst in Pisa,

drum wird von jedem stets gesagt,

der Arno hat sie was gefragt.

Doch was er von ihr damals wollte,

davon es keine Kunde gibt,

da frag ich mich doch jedes mal,

hat Arno Lisa einst geliebt?

19.3.2025

VERWIRR-SPIELE

Ich sitz am Computer

mit neuem Programm,

muss es erstmal laden –

wie fange ich an.

Die Seriennummer

hab ich auf Papier,

drum tipp ich sie ein

und speicher sie mir.

-

Adobe will Zugang

mit Passwort und Mail,

ich tippe es ein - -

da steht, es ist fail.

Mach Passwort ganz neu,

klappt immer noch nicht,

ich hol mir nen Kaffee,

„Geduld" er mir spricht.

\-

Programmnamen

tippe ich dann noch mal ein:

Zum Download geht's anders,

der Hinweis - ganz klein.

Ein Code auf der Rechnung,

ich soll doch mal schaun,

Adobe macht mich jetzt

ganz langsam zum Clown.

\-

Ich finde den Code

und tippe ihn ein,

sie senden nen Testcode,

ich fang an zu schrein.

Das dauert zu lange,

der Testcode ist weg,

„Noch einmal anfordern

als Sicherheits-Zweck.

-

Bin endlich am Start

Im Download-Programm.

Die Seriennummer

kommt endlich gut an.

Der Download beginnt,

dann stoppt er den Lauf,

die Fehlnummer fünfzig,

so steht es hier drauf.

-

Nun musst du nur dies,

vielleicht auch noch das,

noch Neustart dazu,

vielleicht du es schaffst. - -

Drei Probedurchgänge,

dann war es geglückt,

in Schweiß gut gebadet,

am Ende entzückt.

-

Oh, Himmel, Gesäß und

die Rolle mit Zwirn,

ein Irrgarten wächst

für Verwirrung im Hirn,

was wollen die Leute

mit diesem TRARA?

Dass man kauft woanders?

DAS ist bei mir nah!!

12.10.2024

TASSEN

Tassen, Tassen, Tassen, Tassen,

muss mal zählen, was ich hab,

wieviel schöne bunte Tassen

sammeln sich durch Jahr und Tag,

weiß man nicht, was kann man schenken,

auch als Mitbringsel zu sehn,

kommt noch immer was dazu,

dann find ich´s immer wieder schön.

-

Mit der Kuh und mit der Katze,

eine mit dem Namen drauf,

Märchen-Tasse, Elefanten

Alles hat hier seinen Lauf.

Weihnachts-Tassen, Muttertag

Und ohne Oma ist nichts los,

kommen noch mehr neue Tassen –

wo verstaue ich sie blos?

-

Ach, da findet sich ein Plätzchen,

manchmal geht auch was kaputt,

gibt dann wieder Platz für Neues,

wenn mal eine geht „in Dutt".

Immer grad für EINE Tasse

schaffe ich bestimmt noch Platz,

sei willkommen, liebe Tasse,

bist mein allerneuster Schatz.

24.2.2025

SPINAT

Spinat und Ei - Matsch auf dem Teller –

wir sagten Kuh-Schitt mal dazu,

egal für uns, wir aßen´s trotzdem,

es schmeckte uns: Was sagst du nu?

Die Ähnlichkeit war doch beträchtlich,

im Bauerndorf man sah es oft,

gleich von der Gabel reingeschaufelt,

es rutschte rein so würzig-soft.

-

Der Pop-Eye war uns damals auch

noch nicht präsent, das kam danach.

Wir schmeckten Vitamine trefflich,

was Mama sagt´, DAS war die Sach!

Auch ohne Mahnung an Gesundheit,

mir schmeckt Spinat noch immer gut,

und dicke Muskeln wie bei Pop-Eye,

ist mir ein alt-zerfressner Hut.

7.11.2024

BOLOGNESE

Für Sonntag ist es vorgemerkt

mit Rinder-Hack und Spätzle,

mein Sohn, er ist ein Frische-Koch,

am Herd ist er ein Schätzle,

er kocht und brät dem Vater nach

mit sehr viel Fantasie,

Rezept ist für Ideen gut,

doch kocht er danach nie.

17.4.2025

SCHOKOLADE

Es schmilzt auf der Zunge,

es singt im Gemüt,

doch an meinen Hüften

es Pölsterchen zieht,

ach, wenn schon,

das ist mir jetzt grad

einerlei.

Ich denk nicht lang nach -

bin nochmal so frei.

-

So schnell ist das Zweite

dann auch noch verlutscht,

und ohne Gedanken

das Dritte nachflutscht,

der köstliche Duft

mich noch einmal verführt,

und hab gleich

das vierte Stück

nicht nur berührt.

-

Doch nun wird die Tafel

ganz emsig verstaut,

die Schublade zu -

und noch was

vorgebaut.

Nun ist es genug - -

und ich bleibe mal FEST,

und freu mich auf morgen –

DANN ESS ICH DEN REST !!

25.1.2025

DER WEGGE SCHUH

Ein warmer und ein kalter Fuß,

die saßen unterm Tisch,

der warme sagt. "Was zitterst du?",

der andre sagt, "was ist??

Ich hatte einen warmen Schuh,

jetzt ist er einfach weg,

als mein Besitzer grad stieg aus,

stand ich im nassen Dreck.

-

Das Auto fuhr davon - MIT SCHUH !!!

Hab jetzt ein nasses Fell,

wer bringt mir meinen Schuh zurück,

hilf mir, jetzt hilf mir schnell - !!"

-

Da sagt der andere doch glatt:

"Iiich hab doch keinen Platz

ein einzig Fuß geht hier nur rein,

zu knapp der Platz, mein Schatz!

Sieh dich mal um, vielleicht liegt ja

ein Schuh noch einsam rum,

wenn du ihn dir für DICH nicht schnappst,

dann bist du einfach DUMM!!

-

Nicht gleicher Schuh, was macht das schon,

komm, zieh ihn einfach an,

zwei warme Füße hast du gleich,

nur darauf kommt es an,

und sagt dir jemand ganz im Ernst,

„Du hast verschiedne Schuh"

Dann löse ihm das Rätsel auf:

„Hör mir jetzt einmal zu –

Zu Hause steht ein gleiches Paar,

BESONDERS will ich sein,

ich ziehe an, was MIR gefällt,

denn ich bin nicht mehr klein!"

28.12.2024

FREITAG 13.12.1974-FREITAG 13.12.2024

Freitag der dreizehnte und auch Dezember,

genau so wie damals, genau fünfzig Jahr´,

mein Führerschein hat heute goldenes Leben,

und unfallfrei immer, das ist wirklich wahr.

Doch muss ich dabei dann die Wahrheit gestehen,

so oft fuhr ich nie, das war nie mein Ding,

und auch immer wieder die Pausen dazwischen,

danach es vom Übungs-Platz wieder es ging.

-

Wenn Männe zur Kur, dann MUSSTE ich fahren,

für dreimal vier Wochen, da MUSSTE es gehn,

Die Söhne wolln hierhin und dahin zur Schule,

doch gern fuhr ich nie, das muss ich gestehn.

Nun ist unser Auto schon lange Geschichte,

der Führerschein liegt in der Tasche verstaut,

und werd ich dann einmal gebeten zu fahren,

dann sag ich: Nein Danke – und sag es ganz laut.

13 12. 2024

WENN DINGE REDEN

Ein Automat, der redet fein,

wie kann es denn auch anders sein,

ein Mensch hat da was rein geschnackt,

drum ist die Sprache wie gelackt,

erst schrieb er´s auf - unrein zur Probe,

ob jeder auch versteht den Satz,

sich erstmal tüchtig er sich lobe:

"Hast guuut gemacht, du bist ein Schatz".

-

Dann spricht er in das Ding hinein,

wird öfter auch mal nötig sein,

bis er zufrieden sagt, "Das reicht",

es wird nichts wieder rausgestreicht.

Und literarisch spricht das Ding,

was es vom möchte-Dichter fing.

5.1.2025

GEN-WUNDER

Dino lebt in Krokodilen,

wenn auch nicht genetisch echt,

doch die Vögel in den Lüften

sind sein Erbteil - auch nicht schlecht.

Und sogar in uns sind Gene

der Neandertaler drin,

vielleicht hat in fernen Zeiten

Menschen-Leben auch noch Sinn.

8.3.2025

ORIGAMISCH

Jedes Stück Papier im Haus

muss dran glauben, ei der Daus.

Lilien, Frösche, Krokodile,

und von allem auch noch Viele

hängen rum als Mobilè,

und im Fenster hängt ´ne Kräh.

-

Setzt du dich mal froh und munter,

liegt gequetscht Gefaltetst drunter,

schreit die Künstlerin dich an,

"Pass doch auf du blöder Mann.

Soviel Mühe für den Po,

falt´ mir doch was für den Zoo!"

19.1.2025

INHALT

DER TAG

DAS JAHR

HEIMAT

ERINNERUNGEN

NACHDENKLICH

SCHREIBEN

TIERE

WETTER/NATUR

SPIEL UND SPASS

FANTASIE

ALLERLEI